烽火弦歌

浙江大学在龙泉

主编 吴水华 林 彬

ZHEJIANG UNIVERSITY PRESS
浙江大学出版社

龙泉浙大中学校本课程

编委会名单

主编　吴水华　林　彬

编委　陈志彬　项思慧　柳梦宇

　　　　叶婉婷　罗孟瑶

前 言

　　龙泉是浙江大学于抗战时期离杭西迁后重要的办学地，在战火纷飞中，它与湄潭、遵义等其他几个西迁办学地一起，合力支持、服务浙江大学。在这个阶段，浙江大学由原来的一所普通地方大学迅速崛起为"中国最好的四所大学之一"，创造了中国现代教育史上的一个奇迹。浙江大学在西迁途中保存了完整的办学体系和重要的办学资源，持续开展了高水平的教学和科研活动，传播知识，开启民智，服务于当地社会，产生了深远的影响。

　　全面抗战爆发后，浙江大学在龙泉设立分校，有其特殊的意义：首先，分校及时解决了东南各省优秀青年因战乱而无法升学的问题，体现了我国知识分子国难当头勇于奉献、不辱使命的担当精神；其次，这些学生大都学有所成，成为中国抗战乃至国家建设的生力军，是浙大西迁办学取得巨大成就的明证；最后，在靠近敌占区的地点设立分校，如此伟大的事业，在世界教育史上亦属罕见。回首往事，龙泉这座古城因有浙江大学的办学历史和办学旧址而更显底蕴，浙江大学也因曾在龙泉办学的一批知名学者和旷世之才而声名远扬。如今，龙泉和浙江大学的这段历史情谊，为今天的市校合作提供了特殊的平台，激励着我们加快创建美丽、幸福新龙泉，为中华民族的伟大复兴作出当代龙泉人的贡献。

　　本书旨在挖掘浙江大学龙泉分校的历史文化，整理出对我校长远发展有借鉴意义的内容，外化为校园文化建设，内聚成学校德育特色。浙江大学龙泉分校陈训慈、郑晓沧等先生诸多的典型事例和资料作品，浙江大学"求是创新"这一校训，可以为我校以"浙大元素"为主题的校园文化建设提供参考依据。同时，历史文化的影响是内在、持续而热烈的。浙江大学龙泉分校是一部厚重的历史书，它记载着抗战时期的校园文化生活，体现了当时的办学传统和文化精神。从某种意义上说，我校的发展大可借鉴、传承和开拓浙江大学的办学文化。

本书还从浙江大学龙泉分校的历史文化中提炼出对学生有教育意义的内容，通过榜样的力量，增强学生的道德体验，树立学生的人生理想。楷模和榜样的展示与学生的学习、生活相融合，对规范学生的道德行为、促进其健康成长有良好的作用。一方面，龙泉分校师生在国家危难时勇担重任、忧国奉公的爱国情怀，在艰苦环境中甘于清贫、心无旁骛的治学态度，在压力重重下勇于创新、终结硕果的开创精神，都可以感染学生的内心世界，让学生具备处升平之世不忘爱国的精神，享繁华之物不忘安贫的意志，立恒远之志不忘创新的态度。另一方面，龙泉分校的创办历程、杰出校友的学生生活和光辉业绩，不仅能提高学生的学习兴趣，也能对其职业规划和人生道路的选择起到良好的导向作用。借此，鼓励新时代学子求真务实，革故鼎新，为人生立下大志向，成就大作为。

本书在编写过程中得到了浙江大学校史专家许高渝和浙江大学档案馆马景娣、张淑锵、傅天珍等老师的悉心指导，在结构处理、章节编排等宏观层面以及部分史料的真实性考究、部分词句的恰切度等细节方面，他们提出了宝贵的修改意见，同时也为编写者提供了诸多资料。编写工作还得到了龙泉市档案馆魏晓霞、党史研究室郓必锋、社科联项庆标和教育局王少燕的支持和帮助，龙泉市政府驻浙江大学联络处徐祖明为本书的评审做了大量工作。在此，对上述人员表示感谢。

目 录

第一章　烽火连天路

　　1937年，日本帝国主义发动全面侵华战争，华北战事吃紧；8月淞沪会战，战火蔓延，杭州危如累卵。浙江大学在敌机轰炸中坚持办学，但是随着时局的恶化，最终被迫举校西迁。最初迁到浙江於潜（西天目山）、建德，由于局势恶化，再迁江西吉安、泰和，之后又迁广西宜山，最后迁至贵州遵义、湄潭。在艰难时局中，浙江大学坚持办学，谱写了一部伟大的"文军长征"史。异常艰难的战争环境，不仅没有使浙江大学衰败，反而使之发展迅猛，这不能不说是教育史上的奇迹。从杭州到贵州，路途遥远，战事阻隔，浙闽沪皖一带贫困学生难以赶往远在西南的浙江大学。为满足这些求学者的需要，浙江大学于1939年在龙泉坊下（后更名为芳野）成立浙东分校，后正名为龙泉分校，培养一、二年级大学生。抗战胜利后，龙泉分校于1945年12月迁杭，完成了其在龙泉办学7年的历史使命。

第一节　迁校背景

一、浙大西迁

1937 年 7 月 7 日，日本帝国主义悍然发动"卢沟桥事变"，开始全面侵华战争。7 月 9 日，庐山国事谈话会召开。会议在动员全国人民进行抗战的同时，还专门讨论了"战时教育"问题，部署了教育文化大迁移。在多所大学内迁的背景下，远在杭州的浙大师生也开始考虑未来，分析局势。当时有人认为"卢沟桥事变"只是一次小规模的冲突，并不会给浙江大学带来什么影响。

1937 年 8 月 13 日，淞沪会战爆发。次日，日军航空部队轰炸杭州。大家意识到，战争已经实实在在降临，灾难落到了每个人的头上。京沪杭沿线敌机肆虐，战争硝烟弥漫东南各省。许多大、中、小学疏散、停办或向内地搬迁，浙大在敌机轰炸中坚持办学，同时筹划迁校事宜。竺可桢校长和几位教授商议认为，浙大决不搬迁到武汉、长沙或重庆那样的大城市去，以免内迁大学过于

1937 年秋竺可桢留影于西天目山禅源寺

集中，而是要搬迁到那些未有过大学的城镇，甚至僻静的农村，使大学的内迁与内地的开发得以结合。

随着战事的不断恶化，浙大被迫一迁再迁。

一迁浙江於潜（西天目山）、建德。1937年9月21日至9月26日，浙大一年级250名新生，陆续来到西天目山。9月27日，黄卷青灯，他们在西天目山上的那座寺庙里开始上课。11月11日至15日，浙大本部师生陆续迁入建德。月底，西天目山上的一年级新生也迁入建德，与本部汇合。12月24日杭州陷落，浙大开始举校西迁。

二迁江西吉安、泰和。浙江建德至江西吉安、泰和，距离750公里左右，浙大师生自1937年12月24日出发，到1938年1月20日，才到达吉安。此后教职员住在吉安的乡村师范学堂，眷属租用了当地一些民居，学生则全部住入白鹭洲上的吉安中学。为了不荒废学业，学校决定利用乡村师范和吉安中学放寒假的时间，借屋暂行上课，以完成一学期的课程。学生上课两周，接着进行期末考试，后休息一周。1938年2月28日，浙大师生分成水陆两路，南行约40公里，深入泰和乡间。他们前脚刚离开吉安，敌机后脚就跟了上来，像雨点一样密集的炸弹，落在白鹭洲头。

泰和时期，学生黎明即起，在朝阳下、山野间朗诵默读，白天不够，又复三更灯火。为了追回因搬迁而减少的学习时间，各学院的课程和实验，比以前有所增多。大局势纷乱急迫，这里的小环境却有条不紊，这在抗战时期国内各大学中是不多见的。

三迁广西宜山。战事影响，从1938年7月25日起浙大在泰和已无法上课，教育部曾指令浙大"遇必要时可迁贵州安顺"。校长竺可桢经过实地勘察，认为从广西宜山至贵州安顺一段，只能靠汽车运输，上千名人员，几千箱图书仪器，要到达安顺，起码费时半年以上，何况车辆又难以得到。因此，决定先迁广西宜山，届时视形势再定行止。

浙大师生在宜山逃避敌机的情景

1938 年 8 月 13 日，首批教职员先遣队出发；8 月 19 日，首批图书仪器装船开运；8 月 30 日，第一批教职员启程；9 月 15 日首批女生出发。其后 3 辆校车分批轮流运送师生，西至茶陵，南达赣州。以后的路程，师生们都自行前去。从此，浙江大学载着赣江的悲怆，离开江西，奔赴广西宜山。10 月底，除押运图书仪器等物资的人员尚在途中，所有教职员和学生全部安全抵达宜山。

四迁贵州遵义、湄潭。1939 年冬天，浙江大学师生又开始了颠沛流离的路途。日军攻陷广西南宁，威胁贵州省的安全，加之敌机轰炸频繁，浙江大学决定搬迁到遵义，并于 1940 年 1 月到达遵义，同年 5 月后又在湄潭设立分部。

二、西迁意义

此次西迁行程约 2600 公里，途经浙、赣、湘、粤、桂、黔、闽七省，路途遥远，涉及区域广阔。泰和之后，浙大的西迁路径与红军长征路径前半段基本吻合，故这一壮举被誉为"一支文军"的长征，史称"文军长征"。

"文军长征"使浙江大学找到了相对安定的办学环境，保存了我国知识分子的力量。浙江大学在大江以南的浙西、赣中、桂北、黔北山区，坚持了高水平的教学和科学研究，促进了当地的教育发展。同时，浙江大学从以东南地区苏、浙、皖、赣四省的生源为主，扩大为招收全国各地的学生，发展成为一所全国性的大学。在烽火连天的西迁路上，这支文军是播种机，在祖国大西南播下了科学文化的种子；这支文军是宣传队，传播了现代科学知识，更弘扬了中华民族不屈不辱的抗争精神。

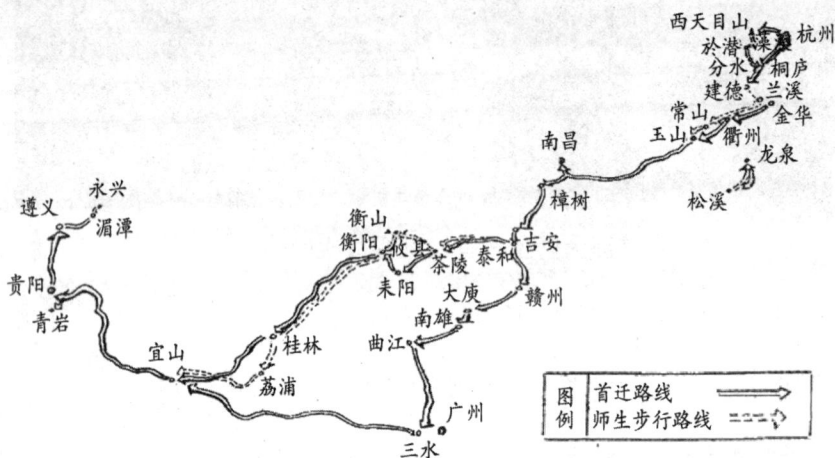

浙江大学西迁示意图

【课后思考】

1. 浙江大学这支"文军"为何要西征？"文军长征"有何意义？

2. 结合浙江大学西迁图，说明"文军长征"的主要路线及经过。

第二节 创办历程

一、确定校址

浙江大学迁桂、黔后，越来越多浙江省的高中毕业生和福建、安徽、江西以及离沪的青年学生，由于交通或经济的原因，不能去内地升学，于是浙大于1939年1月提请在浙江招收新生一次。后教育部认为，必要时可就近办一期先修班。2月，教务长郑晓沧、史地系教授陈训慈进行实地了解，寻觅办学地点。3月，教育部电复，准浙大在浙赣闽之间设立分校，专招各系一年级新生并设置大学先修班，其他学校来浙大借读学生也由浙大登记收读。5月，校长竺可桢又先后派史地系李絜非、总务处陆子桐到浙江，其间在龙泉坊下（芳野旧称）曾家大屋房主签订租房草约。

浙江大学龙泉分校校舍全景

二、创建伊始

1939 年 7 月，浙江大学浙东分校在永康举行新生入学考试，总共录取新生 150 名，其中正取生 120 名，备取生 30 名。8 月中旬，分校筹备工作宣告结束，工作人员开始到芳野办公。教师一部分由总校调聘，一部分为另行聘请。

次年 4 月 1 日起，分校更名为"国立浙江大学龙泉分校"。分校最初设有文、理、工、农 4 个学院，包括中国文学、外国文学、史地、数学、物理、化学、生物、电机、化工、机械、土木、农艺、农化、园艺、蚕桑、病虫害、农经等 17 个专业。大一新生学的是基础课程，基本上以学院为单位选课和听课。1941 年增设了二年级，接着又增设师范学院，这时才有系的设置。到 1944 年，分校的 5 个学院所设置的系，计有文学院：中文系、英文系；理学院：数理系；工学院：机电系、化工系、土木系；农学院：农艺系、农经系；师范学院：国文系（五年制）、英语系（五年制）、国文专修科（三年制）、数学专修科（三年制）。除师范学院学生外，其他各系学生读完两年后仍转入总校学习。

分校第一批新生在 1939 年 10 月 1 日至 6 日报到。10 月 8 日举行开学典礼，参加典礼的除本校师生员工之外，还有永康、丽水、龙泉各机关的代表和校友。这次开学盛典由陈训慈主持，许多代表发言，其中以英文教授林天兰的讲话最为精彩，他说：

> 谓今分校之成立，在表面言为救济此百余失学青年，而其最大意义则在表示中国具有最伟大之力量。自抗战以迄今，兹据美国某通信记者所称，敌国未曾设一新学校，而在被侵略者之我国反继续增大学，此在东南人士，尤感自豪。年前基督教举行会议于印度，有中国某大学代表在美总统约见，闻中国大学多内迁继续开学，深表敬佩，并愿详阐此地迁校之办法与情形，以

今例之,当更足以引起世界人士之注目。盖此种伟业在并世实鲜其例,即在教育史中,亦属罕观。本此意义更承各方矜许期待逾恒,则我师生于受宠若惊之余,其所感觉应负之使命乃綦重。今后吾同人愿黾勉以赴,尤望同学倍自惕励。欧洲中世纪时,所谓长袍,即代表大学与城市之工商业者对立争斗,然此已成为史上之陈迹。今后吾人只有忏悔一切,使教育与社会打成一片,力求精进。《大学》篇首之言曰:"在明德",斯为所学人格之日进;"在新民",斯为提高气彝,荡涤瑕秽;"在止于至善",凤学校成效之提高,亦符于校训"求是"之义云。[①]

三、办学条件

龙泉是抗战时期浙江与大后方联系的咽喉。龙泉分校招收的学生多来自浙、沪、苏、皖、赣等地,学业基础较好。上海沦陷后,上海及苏南的青年多经浙东赴内地,很多求学者到龙泉后便进分校借读,成绩符合浙江大学的标准后即转为正式生。这些"新鲜血液"与分校原有学生同窗研读,互补长短,进步非常明显。此后在教育部组织的多次全国高校学生学业竞试中,龙泉分校无论团体还是个人均名列前茅,即明证。

龙泉环境清幽,无都市之喧嚣。战时的城市苦于敌机轰炸,龙泉地处偏僻,又无重要军事设施,学生在此就读,虽闻空袭警报,但不易遭敌机轰炸。即便在 1942 年日军攻占丽水企图侵犯云和之时,战火也没有向南殃及龙泉。分校师生均由各地辗转汇集,饱受战时颠沛之苦,能在幽静、安全的山村中工作、学习,有身处世外桃源之感。

然而龙泉地处僻壤,俗称"九山半水半分田",物资匮乏,交通不便,学

---

①《国立浙江大学浙东分校开学典礼志盛》,见许高渝、傅天珍主编:《国立浙江大学龙泉分校史料》,浙江大学出版社 2019 年版,第 14—15 页。

生生活甚为清苦。而且分校求学者多来自沦陷区，家中接济中断，靠学校贷金或工读维持学业，衣食所需只能因陋就简。

龙泉分校的另一大问题则是学习物资紧缺。浙大教学严谨，考试严格，学生白天课程或实验排满，温习功课全靠晚自修。照明用的桐油灯，光线不足，烟味难闻。夜间每人一盏桐油灯，教室即被烟雾笼罩。

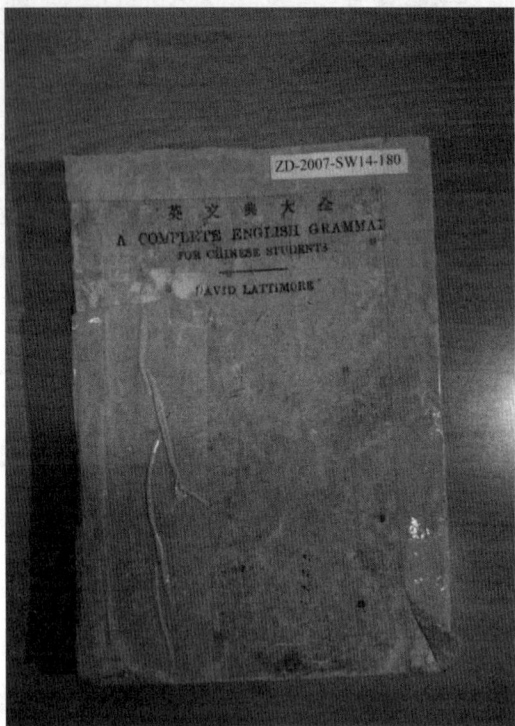
1943级学生王珠翠在分校就读时使用的教材

最大的困难当属学习资料的匮乏。学校所开设的课程多无教本，学生主要靠自己听讲，勤记笔记。一堂课下来，就得重新追忆，细心理解，跑图书馆，查阅资料，再做系统的摘记。有时印发油印讲义，学生们要用很多时间把一页页的讲义一本本装订起来，又小心翼翼地用红蓝墨水在讲义上圈点。讲义和学生笔记的用纸都极端粗劣，大都为龙泉本地制成的土纸。有的学生做笔记先用铅笔写，然后再用钢笔誊写，为了节省纸张，字体总是小如蚂蚁。

四、七年观照

一段历史，刻骨铭心；一种精神，辉映未来。浙江大学龙泉分校于1939年设立，至1945年复员杭州，前后历时七年。实践证明，龙泉分校办学七年，是浙江大学"科教兴邦、教育救国"的重要举措，是浙江大学"以真理为依归、以天下为己任"的"求是"精神的生动体现。作为西迁办学的重要组成部分，龙泉分校在历史上具有十分重要的意义。

龙泉分校办学七年，是师生追求真理、科教兴邦的七年。许多有志青年，为避免敌占区的奴化教育，克服艰难险阻来到龙泉，就是希望自己能成为对国家、民族有用的人才，为抵御外侮、振兴中华贡献力量。分校极力满足青年学子的需求，成立初期就设文、理、工、农四个学院和先修班，第一年就招收新生 150 名。1941 年，又增设二年级和师范学院。经过一段时间的建设，龙泉分校在教育部组织的学业竞试中遥遥领先，成为东南各省青年学生最为向往的学校之一。

龙泉分校办学七年，是师生负笈传薪、英才辈出的七年。竺可桢校长以其高尚的人格魅力和卓越的办学风格，引进了一大批优秀人才充实分校师资。文史学家陈训慈、教育学家郑晓沧、化工专家路季讷，先后担任分校主任。孟宪承、潘渊、朱叔麟、毛路真、郭贻诚、夏承焘、王季思等一大批具有真才实学的教师聚集分校。他们中许多人具有海外名校留学的背景，是不可多得的才俊。他们不仅学识渊博，而且教学认真，深受学生欢迎。他们培养了谷超豪、池志强、朱兆祥、宋晞、丁儆、徐朔方、孙筱祥、屠家骥、朱寿民等学生1200 余名。这些学生，有的成为中国科学院或中国工程院的院士，有的成为一流大学的校长，更多的则是某一学科领域内著名的专家学者。

龙泉分校办学七年，是师生奉献知识、服务社会的七年。师生们谨记竺可桢校长提出的"求是"校训，领会"求是"精神，为地方社会的发展奉献力量。分校创办芳野小学，一方面解决教师子女的入学问题，同时也使得当地学生接受较好的教育。师生们兼课于龙泉城乡各校，为促进龙泉的教育事业作出了积极的贡献。学生们还自发组织文学艺术社团，发行进步报刊，宣传抗日知识，提升当地民众思想水平；开展文艺汇演，丰富民众文娱生活。他们用自己的实际行动诠释着热血青春。

龙泉分校的创办历程是浙江大学百年发展史上难以忘怀的记忆，是浙大精神家园的重要组成部分。观照七年，求是精神薪火相传；回望历史，曾经的浙大家园终被铭记。

【资料延读】

本校浙东分校筹备成立经过略志[①]

（1939 年 8 月 18 日）

本校原设杭州，廿六年十一月迁移建德，此（时）杭垣失守，浙东骤紧，不得已复迁江西泰和，地与浙省毗连，东南学子，来就学者仍伙。不幸去夏赣北战剧，教育部乃令再筹西迁，于廿七年暑假后迁抵广西宜山，旋即开始上课，迄今适为一学年。盖大学设备，难聚易散，专门研究，尤需安定，抗战中各大学之西迁，要由于此。而于智力之迎头直追，及以余力协助于腹地之开发，则本校在此二年中，固尝尽力不懈，迄今图书仪器全保，课业实验进行不辍，固堪持以告慰于东南乃至全国人士者也。

然自战局重心西移，东战场虽时有变化，敌已不易深入，浙省经当局整饬政军之余，浙东尤见稳定。而多数大学西迁，东南非战区之中学毕业青年，因交通或经济关系，不能西行升学者，颇不乏人。本校虽离浙江，时为关怀，然绌于经费，未能早筹救济。辄以此种情形，陈之教部，而浙省府亦力谋救济之方。教育部深鉴此种需要，始则于岁初令本校得另行在浙招生；继复于三月廿八日电令本校"在浙赣闽间设立分校，专招各系一年级新生"，必要时得设大学先修班，先本校已委教务长郑晓沧先生赴浙，与浙省政府当局洽商此事，并勘定校址于龙泉一带。奉电之后，即遵令拟具计划预算呈报，至四月杪奉部令准计划备案，并核定经常临时费预算。至其设施办法，校内复送经校务会议讨论，并于五月十九日正式成立浙东分校设计委员会。决定校名为浙东分校，第一年专收一年级新生，并酌量情形设置先修班。六月八日教育部电复本校。对分校允于七月份在浙单独招生。其时本校原有招生

[①] 见许高渝、傅天珍主编：《国立浙江大学龙泉分校史料》，浙江大学出版社 2019 年版，第 10 页。

委员会尚未正式开始工作,乃另组一分校招生委员会,于六月初开会二次,妥议招生办法,决定分校因经济之限制,学额暂以一百二十名为限,分配于文理工农四院,师范学院暂不招生(先修班视当地情形而定,大致如投考人多,或即照参教部统一招生办法办理,庶几减少遗珠之憾)。招生简章,即在当时拟订,送浙付印,惜以交通梗阻,派员来浙时,中途稽滞,致不能早日分寄东南各中学为憾耳。

本分校校舍之筹备,先由郑教务长在浙得当地政府之协助,商赁民房,设于东乡。五月杪本校派员入浙,于六月中旬到永康,公布成立分校于浙报,并即设分校筹备处于永康县商会内,并一面进行修葺校舍。六月下旬复委招生委员数人偕同职员赴浙,筹备招生事宜。分校教职员或由本校调任,或则另行延聘,大抵于七月杪可到浙。招生既定于七月份办竣,结果当于八月十五日以前发表。为珍重学业起见,期以九月上旬开学。本大学自西迁至今,倏将二载,艰苦长征,黾勉无懈,而同人翘首东望,对于东南湖山以及全浙父老兄弟,弥切依恋。今赖教育部之主持,与各方面之赞助,使浙东分校得以观成,不仅为本校异时迁回浙省着其先鞭,尤足稍应东南各省失学青年与其家属之殷望。所望各界先进,浙省父老,鉴其悃忱,惠予匡助,使分校能在此光荣之东南,为抗战建国中之一员,则不仅本校之幸而已。

——《国立浙江大学校刊》复第三十期

【课后思考】

1.翻译林天兰教授在开学典礼上的讲话。

2.简述龙泉分校在抗战时的生活、学习条件。

第三节 南迁北归

一、南迁松溪

龙泉分校在办学期间曾有一次短暂的转移。《大布村史》载："民国 31 年 8—9 月浙江大学龙泉分校师生约 180 人，……因鼠疫病死 3 人，淹死 1 人。" 寥寥数语，记载了龙泉分校办学历程中不能忘却的心酸往事。时间回溯到 1942 年 6 月，当时浙东战局吃紧，金华、丽水相继沦陷，敌机侵入龙泉领空 的频率也大幅增加，分校决定暂迁福建松溪。

师生们经过数天，才分批到达松溪大布村，暂居村中寺宇。因为鼠疫横 行，僧侣们早已离开。师生们把寺内外打扫干净，就地安顿下来。为了不被鼠 疫传染，大家将衣袖、裤口用线绳扎得紧紧的，勤洗勤换衣服被褥，相互检查 眼睛有无发红情况。分校教师毛路真曾在日记中记载：

> 9 月 2 日星期三,近日大布镇鼠疫盛行,闻今日死者已达十余人,校中师 生均感不安,罗汉寺中又发现死鼠。人人"谈鼠色变"。
>
> 10 月 6 日晨闻同事江忠靖先生昨夜病故,一时人心大乱。
>
> 10 月 18 日,星期日。午后姚寿臣家眷及丁师母与余等离大布后同迁松 溪城中,后数日以鼠疫各丧一女……[1]

悲剧时刻发生，师生"谈鼠色变"。恰在此时，丽水战事稍有缓和，日军 对龙泉的威胁消退。于是分校师生们在 10 月中下旬分批返回他们在芳野的母 校。至此，浙大与龙泉的情谊日益深厚。浙大的乡村情怀日臻浓烈，龙泉人的 求知之志也日臻坚定，就如今天曾家大屋旁的龙泉浙大中学，星星般的火种终

---

[1]《毛路真日记》,《龙泉文史资料——浙江大学龙泉分校建校五十周年续辑》,第 122-129 页。

将成燎原之势。

龙泉市浙大旧址公园

二、复员杭州

1945 年 8 月，日本无条件投降，中华民族的抗日战争取得了彻底胜利。分校师生闻讯举校欢庆，旋即接到指令，需复员回杭。1945 年 9 月浙江大学派龙泉分校董丰茂、陆子桐、杨其泳等赴杭州办理产权交涉和整理、修葺校舍的准备工作。1945 年 11 月，当年在龙泉招收的一年级新生在杭复课。1946 年 9 月，原分散在贵州遵义、湄潭、永兴的浙大师生全部抵达杭州，重新成为一

1945 年 11 月 8 日复员回杭后，学校举行开学典礼

个整体。

杭州校舍经历战乱，满目疮痍，需要一段时间重建。因办学规模已较离杭前扩大，学校除陆续修复原有教室、宿舍和办公用房外，又兴建了一批校舍，并将修复和新建的大楼及宿舍群，冠以先贤和学校西迁办学地名，以资纪念。由于浙江大学的办学一向严格认真，加上竺可桢校长四处奔波，殚精竭虑，这一时期的法学院、医学院以及哲学、人类学等学科均有所发展，教学质量更是日益提升。

1945—1949 年，是中国人民为新中国的诞生与国民党专制政权进行生死斗争的时期。杭州美丽的西子湖畔，两千多名年轻的求是学子和他们的师长一道，共同经历了惊心动魄的求索、抗争和奋斗过程，他们以对真理的坚信和对人民的忠诚，用青春绘丹青，用热血求解放。

解放战争期间，物价飞涨，校园内师生生活水平急剧下降。因"饥寒交迫，生活陷于绝境"，学校教授会致电国民政府、教育部等机构，要求改善待遇，并于 1949 年初两次派代表去南京交涉，甚至面见代总统李宗仁，均毫无结果。广大学生则积极参加到由中国共产党领导的"第二条战线"的各种运动中去，并在"于子三运动"中震撼全国。浙江大学被誉为"民主堡垒"，有力地动摇了国统区国民党的统治基础。1949 年 5 月 3 日杭州解放。翌月，中国人民解放军对浙江大学实行军事接管，浙江大学的历史从此翻开了崭新的一页。

【课后思考】

1. 查找"南迁松溪"其他史料，口述迁移情况，时间约 3 分钟。

2. 写一段描绘抗战胜利后举校欢庆景象的文字，不少于 500 字。

第二章 风雨龙吟楼

　　曾家大屋，浙江省著名的爱国主义教育基地，坐落于龙泉城东南一隅的芳野村。芳野村距市中心约十里，与老城区隔江相望，曾被视为远郊，进城多绕道。村前几座小山，一片田畴，背靠佛山，树林居多，村舍寥寥。芳野原名坊下，坐南朝北，因有叶氏孝节牌坊得名。一个名不见经传的小村，怎么突然间村名显得如此诗情画意且闻名周边？这要从抗战期间芳野与浙江大学结下的烽火情谊说起，这一段情谊也成了龙泉人至今难忘的美好回忆。

第一节 芳野胜景

龙泉城北靠群山，南临龙泉溪。城北九姑山自东而西，形成绵延龙脉。旧时九姑山下的县府雄踞市镇中，一条笔直的升平大道由北而南，与跨越龙泉溪的济川桥相接。济川桥连接着热闹与安详，也区别了城镇与乡村。溪水以南被当地人称为"水南"，这片人迹鲜少的土地，地势在东南处渐高，于寨背山之前形成层层水田，山形止落处有一块略平的地方，名为芳野村，是浙江大学龙泉分校办学点所在。

芳野在群山环抱之中，群山之间是大片平坦的田地。田地由西向下延伸到东面的村庄大沙。西南有万松岭，深幽的松荫绵延数里，直达岭端的周际村。

芳野气候温暖，植物繁茂，葱绿的树木随处可见。最多的是松树，其次是橡树、杉树、三角枫。芳野可谓芳草遍野，到处都是鲜花。春天有红色的杜鹃、淡紫色的马银花、白色的金樱子、粉红的野蔷薇、紫红色的紫云英。田塍

遍布龙泉山野的杜鹃花

上、小路边还有无数蓝色的小花，犹如繁星点点，散落在绿色的草丛间。夏天，田野里开遍了淡青色的马兰花、粉红的半边莲和蓝色的鸭跖草。秋天，漫山遍野都是金黄的野菊花，它们在秋阳的照耀下，和红色的乌桕树相互争艳，仿佛在抚慰着过去的沧桑，又应和着未来的召唤。据语言学家胡裕树回忆：一位来自上海的女同学曾写信给家里，信上有"杜鹃花开遍龙泉的原野"一句，生动地描写出这里迷人的景色。此事在学生群体中广为传播。

芳野原名坊下，因该村古时有座叶氏孝节牌坊而得名。据原宁波大学校长朱兆祥回忆，他在龙泉分校求学时，曾聆听过时任分校主任郑晓沧的演讲。朱兆祥这样写道：

郑晓沧是游学海外多年的教育家、翻译家兼诗人，当他演讲时见到红霞满天，满山红叶，遍地野菊花更是香飘原野，于是触景生情，脱口成诗："数峰岚翠里，三五白鹇飞。野芳多映日，红树好题诗。"或许是"芳野"二字启发了他，或许因为晓沧先生是海宁人，海宁方言中"坊下"和"芳野"同音，而这与英文单词"fine yard"不但谐音而且谐意，于是他当场提议把"坊下"改为"芳野"，全校师生纷纷鼓掌认同。①

郑晓沧在离开芳野之时，又写了一首五律：

村路屡萦纡，昏黄抵岭隅。

尘间万籁寂，峰顶一星孤。

鸟宿高枝隐，萤飞清夜徂。

此乡如可住，吾亦爱吾庐。

---

① 朱兆祥：《晓沧先生与芳野》，见叶放主编《情系芳野》，第31页。

依恋之情，了然可见。他在诗集中多次描绘了芳野的景色，例如一些隽永的联句：

"数峰岚翠里，三五白鸥飞。"（《回芳野途中》）

"天边众峰静，松外一星低。"（《筵罢归来路中即景》）

"犊载芳田曲，凫眠渌水湾。"（《龙泉遇空袭警报，敌机未至，解除后即景》）

胡伦清教授也曾自撰一副对联：

以弦以歌，往哲遗规追鹿洞；
学书学剑，几生清福到龙泉。

曾家大屋大厅中的对联

这副对联就贴在曾家大屋的大厅中。上联暗含宋儒朱熹在白鹿洞书院办学的典故，因而不易被青年学生领悟，它实际上蕴含了郑晓沧等人师法古代书院传统，强调学生自学为主、师生关怀问辩的教育思想。下联则给予离乡学子在山城龙泉坚持求学的力量。

北国烽烟急，瓯南秋色新。浙南山水，天下闻名。在当时烽火连天的中国大地上，龙泉芳野的确是一处读书胜地。

【课后思考】

1. 课外阅读叶放主编的《情系芳野》，体验学子的芳野情怀。

2. 简述与抗战时期相比，如今的芳野发生了怎样的变化。

第二节　曾家大屋

今天的龙泉溪上五桥并立，城市已经覆盖水南的大部分地区，但芳野仍是一片田园风光。走近村子，一座规模颇大、蓝顶黄墙的学校矗立眼前。这座学校就是龙泉浙大中学，它的对面静静地伫立着一座老旧的建筑，那正是浙江大学龙泉分校旧址——曾家大屋。

修缮后的曾家大屋主体建筑

大屋立面呈西洋巴洛克风格，宽约 44 米，主体建筑前后两进，进深达 31 米，两侧设有厢房，后面有面积约 200 平方米的后花园。正门由两根多立克式罗马柱加半圆形拱券构成，柱联曰："永种竹梅为门第，常怀耕读是人家"。它曾经的主人叫曾水清，传为木材商，富贵之后，乐善好施，耕读传家。在 1939 年的某天，正是他打开了自家的大门，接纳了西迁而来的浙大学子。

房子里面是中式木结构，以木楼梯连接三个楼层。主屋呈"回"字结构，二楼围栏相绕，分布着大小相似的房间。当年分校的行政办公室及"文、理、工、农"四个学院的教室、自修室、实验室、教师宿舍、食堂都位于这大院中。据校友回忆，当时的办公室、理学院在一楼；二楼则有文学院和农学院合用的自修室，还有工学院的教室兼自修室。上课时，教授们的音量需要控制得恰到好处，太小同学们听不到，太大又会串音到隔壁或楼下。

史地系学生王省吾回忆1940年刚到芳野时的情形：

我于民国二十九年经联考分发到浙大龙泉分校。龙泉分校在浙江省龙泉县坊下，坊下我们称它芳野，离龙泉县城约六华里(约三千米)。龙泉是一个山地县，芳野却是一块肥美的小平原。龙泉分校租赁于当地财主曾先生家。他这所房屋是中式结构的西式楼房，前面为一大口字形，后面连接着二个小口形，左右两方还有自前到后的一字形房屋。除正厅左方正房及左边一字形房屋由房主自用外，其余均由学校租用。左厢房为女生宿舍，右厢房为收发室及总务处，右边一字形房屋为男生宿舍，二楼正厅连着后面房屋为图书馆，图书馆左方为教务处及主任办公室，余为教室。靠左边有一大片田地，造有农事房，学校用来作厨房。①

1944年考入龙泉分校土木系的学生郑国华回忆分校：

理工农三院设在坊下曾家大屋里，那是一所三层楼的楼房。一楼西部是房东住房和教务处、注册组等办公室；东部是大宿舍，全是上下两层铺。二楼全都是教室。三楼是图书馆和独身教授的住处。文学院及师范学院多是用木及树皮盖起来的简易房。②

步入大屋，仰头雕梁画栋，俯首青石铺地。80多年前，楼梯口，过道上，栏杆旁，教室内，天井中，何处不是不同院系专业师生朝夕相处的身影，哪里不见跨学科碰撞的重重火花呢？

龙泉地处浙南，雨水较多，大屋屋顶出檐较深。阳光灿烂时尚无影响，天

---

① 王省吾：《浙大生活杂录》，《国立浙江大学》(上)，第640页。
② 郑国华：《从龙泉到杭州》，《国立浙江大学》(上)，第542页。

曾家大屋内部

气阴沉时，屋内就显得黯淡。浙大校风严谨，白日课程紧凑，学生只能把复习放在晚上。今天的大屋内仍珍藏着不少当年的桐油灯，形制简陋，没有灯罩，灯捻黑且粗。还有那两头破损、腿脚由"丫"形树枝制成的长凳，老旧的木质菜橱……都在不起眼的地方刻着小小的"浙大"二字，乡野趣味与学术气息交杂着扑面而来。

上下楼梯，木板传来密集的"吱呀"声，夜晚的沉寂仿佛唤醒了古老大院的记忆：那时候，大院同时学习的有几百人，下课时大家同时涌出教室，谈话声与木楼梯"嘎吱"声一起合奏，热闹非凡；间或有几位美丽的女同学轻盈地走过，楼道忽地静默下来，接着又是一阵年轻而害羞的哄笑。

【课后思考】

1. 根据本节内容，简要描述曾家大屋的建筑风格。

2. 查找资料，为曾家大屋设计一个文物保护方案。

第三节　教授村落

出曾家大屋向右拐，是一条不宽的村道。道边零零散散依山势分布些许民居，新旧相杂。新的是水泥砖瓦结构，三层居多，旧的则是夯土为墙、灰瓦覆顶，略微低矮。当年浙大迁来之时，整个村子不过二十几户，然而七年来，正是这小小的芳野村成为许多浙大教师在龙泉的家。

龙泉芳野村136号

步入芳野，首先映入眼帘的是芳野136号，这是浙大当年的电话机房，一处由三家旧屋合围的小院。灰白的墙泥有些脱落，露出夯土斑驳的原色，墙角下散植的花草兀自生长，几扇掉色木门紧闭。

向前几步，沿左手拐进一条小巷，是郑晓沧教授的故居。房屋外墙完整，灰白素净。大门用黄色新砖重新砌成，屋门洞开，屋内陈设整洁，不见有人出入。郑先生"循循善诱，未尝有疾言厉色，诸生皆乐而亲之"，想必这里当年也曾人头攒动。继续前行数十米，是浙大会计姚寿臣的旧居，这座老房破败不堪，已久无人居住。

当时，一批批爱国青年来芳野求学。1941 年起学生人数增多，分校在离芳野约一里的石坑垄村又新建了师范学院的教室，以及教职员宿舍、学生宿舍和大膳厅等八幢简易房。分校校舍就此分为两部：一部在芳野，为行政各办公室及理学、工学、农学三个学院学生的学习与住宿之所；二部在石坑垄，为文学、师范两个学院及师范专科生的教室、宿舍和膳厅等所在。在石坑垄的八幢房子中，唯一的一幢二层楼建筑是教职员宿舍，这是一幢用竹竿、杉树搭建的房子，屋顶盖的是杉树皮。房子四周都是松林，风雨之夜，松涛撼屋，如同虎啸龙吟，时任分校主任的郑晓沧便给这幢教职工宿舍取名为"风雨龙吟楼"。

浙大龙泉分校之"风雨龙吟楼"

中山大学王季思教授曾撰文回忆道：

当时中文系教师同住在集体宿舍的，除瞿禅（著名词学家夏承焘，瞿禅是其字）和我外，还有嘉善徐声越（著名诗人和翻译家徐震堮，后为华师大教授），是我松江女中的老同事；如皋任心叔（著名语言学家任铭善，心叔是其字），是瞿禅之江大学的学生。……思想上的同仇敌忾使我们休戚相关；学问上的志趣相投又常得文字商量之乐。物质生活虽艰苦，精神上还是愉快的。我们习惯于称坊下为"芳野"，称那座集体宿舍为"风雨龙吟楼"，多少表现我们的共同情趣。①

华东师范大学中文系徐震堮教授深情回忆浙大龙泉分校的岁月：

> 余迫于生计，置家沪上，孑身走龙泉，执教于浙江大学分校。分校新建，局处山野间，同事者才一二十人。翌年，王君季思自金华至，既而海宁郑先生晓沧来主校事，夏君瞿禅、孙先生养癯相续萃止。数人者相与徜徉山泽间，弦诵之隙，以诗词相唱和，竹楼数楹，一灯相对，虽在兵戎仓攘之中，而意气不少衰。②

郑晓沧有一首谢徐震堮、胡伦清赠诗的七律，后四句是：

> 老树殷勤遮古屋，秋光明瑟媚前溪。
> 虚窗素壁才容膝，多谢诸贤为品题。

这首诗表现了抗战时蛰居陋室的雅士交往之情，表达郑晓沧本人对两位教授的谢意。郑晓沧还和暂居"风雨龙吟楼"的教师结社吟诗。遥想当年，一群高士相互唱和，歌传赤子之心，期盼抗日胜利，既于困苦环境中让人倍感温暖，又在国脉微如缕中令人慷慨悲歌。

由当年的诗文可知，当时郑晓沧、徐震堮、夏承焘、王季思等先生经常在简陋但不失风雅的"风雨龙吟楼"里吟诗作词，并成立了"风雨龙吟社"，时

---

① 王季思：《龙楼风雨对床眠》，见叶放主编《情系芳野》。
② 徐声越：《敬五诗存附词稿序》。

常雅集，互相唱和。他们创作的诗词，当时曾编撰成《风雨龙吟集》，但今已不传，甚为可惜。

时间太久远，芳野正在经历以旧换新的发展巨变，浙大曾经停留过的痕迹正在或行将消失。当年吴浩青、孟宪承、夏承焘等的居所都已经不知所踪，无法定位。石坑垄二部荡然无存，那座曾经为夏承焘、毛路真等遮蔽风雨的风雨龙吟楼也早早消失了，但教授村里教授们的故事，却长久地传唱在龙泉溪的两畔。

【课后思考】

1. "教授村落"已不复存在，但是那段峥嵘岁月却愈发令人动容。请以"永远值得回忆的_____"为题，写 600 字左右的语段。

2. 在地图上分别找出曾家大屋、教授村落、"风雨龙吟楼"的大致方位，设计游览方案（包括游览路线、行程安排、导游词）。

第三章　以弦以歌志

在战火纷飞的年代，浙江大学龙泉分校的创办发展离不开竺可桢校长等人的努力。作为中国东南地区颇享盛誉的高等学府之一，浙江大学龙泉分校师资力量雄厚，有的来自浙大总校，有的由分校主任遴选礼聘而来。在分校主任郑晓沧的诚心相待下，许多或留洋归来或时已成名的专家、学者也纷纷加入其中，如孟宪承、郭贻诚、夏承焘都曾任教于此。谆谆善诱春风化雨，孜孜以求诲人不倦，不管物质生活多么艰苦，他们都对教学工作极为负责，为灾难深重的中华民族培养了德才兼备的后备力量，他们的为师风范永远铭刻在后人心中。

第一节 竺可桢校长

在龙泉浙大中学校园内的中心花坛上，伫立着浙江大学校长竺可桢的铜像。竺可桢是我国近代科学家、教育家的一面旗帜，地理学界、气象学界的一代宗师。他执掌浙大，是浙大之幸，浙江之幸，亦是国家之幸。

一、临危受命

1936 年，由陈布雷和翁文灏等人力荐，时任中央气象研究所所长的竺可桢和蒋介石有过一次接触。在蒋介石答应"财政须源源接济"、"用人校长有全权，不受政党之干涉"等条件的前提下，竺可桢同意出任浙大校长。竺可桢没想到，他这个浙大校长一做就是 13 年。在这 13 年间，他和这所大学有 10 年处于西迁路上。他更没想到的是，筚路蓝缕的办学大业，竟使他接手时的二流地方大学，化蛹为蝶，跻身于世界一流大学行列。

龙泉浙大中学内的竺可桢像

二、办学宗旨

竺可桢在浙大 13 年，关于要办什么样的大学、要培养什么样的学生、学生毕业后应该做什么样的人，他曾多次明确提及。

1936 年 4 月，竺可桢发表了重要的任职演说——《大学教育之主要方针》。他主张办教育必须要使历史与现实相结合，使民族文化与世界先进文化相结合。他把办学的宗旨定位在培养能肩负拯救中华这一崇高使命的人才上，要求浙大学生以天下为己任，并勉励学生要珍惜时间，发愤图强。

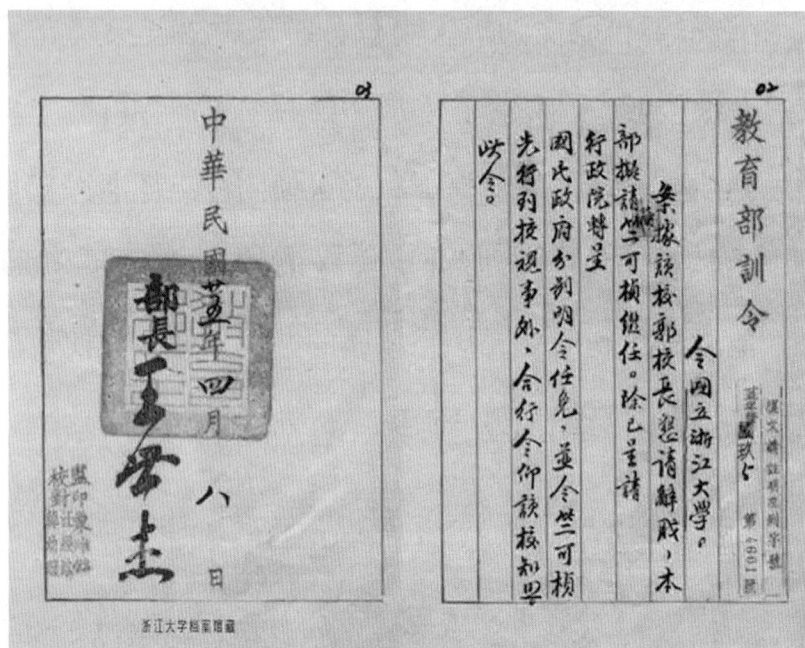

1936年4月8日中华民国教育部任命竺可桢为国立浙江大学校长训令

1936 年 9 月，竺可桢在与一年级新生谈话时强调："诸位在校，有两个问题应该问问自己：第一，到浙大来干什么？第二，将来毕业后要做什么样的人？"竺可桢对此的回答，简而言之就是：第一，求学，应不仅在科目本身，而且要训练如何能正确地训练自己的思想；第二，我们人生的目的是在服务，而不在享受。

竺可桢对大学应该培养什么样的人有过深思熟虑。他说："国家为什么要拿出这么多钱来培植大学生？……为的是希望将来诸位能成为各行各业的领袖。我们希望在这国难当头之际，百折不挠、刚强果敢的大学生成为社会的中流砥柱……"他认为，大学绝不在于造就多少工程师和科学家，而是培养"公忠坚毅、能担当大任，主持风会，转移国运的领导人才"。

竺可桢要求学生："自觉其所负使命的重大，努力于学业、道德、体格各方面的修养，而尤须具缜密深沉的思考习惯。"由此，他在国内较早地提出了培养学生学业、道德、体格全面发展和培养具有独立思考能力的人才目标。

他要求学生养成自己动手的习惯，还要求学生毕业之后"不求地位之高，不谋报酬之厚，不惮地区的辽远和困苦"，以自己的学问和技术，担当大任，服务社会，转移国运。

三、招揽名师

竺可桢说："教授是大学的灵魂，一个大学学风的优劣，全视教授人选为转移。""一个学校实施教育的要素，最重要的不外乎教授的人选、图书仪器等设备和校舍建筑。这三者之中，教授人才的充实，最为重要。"他到浙大后做的第一件事，就是找老师。竺可桢说："我不止要找老师，还要把全国甚至全世界最好的老师都给浙大。"

动身来浙江大学的那天，竺可桢专门在上海停留，去了交通大学，为的是向教务长裴维裕借人——裴答应把胡刚复借给浙大两个月。胡刚复毕业于哈佛大学，是厦门大学、中央大学理学院的创建人。在浙大西迁过程中，从出方案到找房子、探路、定船定车、运书运仪器等一系列事务，都由胡刚复一同操办。遵义、湄潭办学时期，胡刚复是浙江大学理学院院长，为浙大的复兴立下了汗马功劳。

竺可桢留用了当时浙大的一批教授，包括陈建功、苏步青、贝时璋、钱宝琮、郑晓沧、李寿恒、周厚复等，又把因反对前任校长而离开的张绍忠、何增禄、束星北等一一请了回来。这期间何增禄还带来了王淦昌，苏步青又推荐了章用。1936年下学期开学时，被浙大新聘任的教授、讲师有30多人。

苏步青的夫人是日本人，西迁时，没有随校一起走。到湄潭后，有一天，竺可桢对苏步青说："你不要等到暑假，快把家眷接出来吧！""我哪有这么多钱啊！""钱不用愁，我们学校替你包下来了。"竺可桢一下子批给苏步青900块大洋。有了这笔巨资，苏步青回到浙江，历时35天，带家眷回校。竺可桢说："这下子我好放心了。"

费巩一度对竺可桢不满，曾冷嘲热讽："我们的竺校长是学气象的，只会看天，不会看人。"竺可桢微笑不语。后来，竺可桢不顾"只有党员才能担任训导长"的规定，认定费巩"资格极好，于学问、道德、才能为学生钦仰而能教课"，请他做训导处长。

王淦昌来到浙大时只有29岁。竺可桢亲自陪他参观校园，并设家宴款待他。王淦昌后来回忆："在黔北浙大的这段时间，是我一生中科研思想特别活跃、成就较多、最值得追忆的时光之一。"王淦昌培养了程开甲、谢学锦、许良英等一大批著名学生。

四、携校西迁

竺可桢深知，作为一校之长，不仅要对学生负责，更要对国家教育负责。1937年抗日战争全面爆发，日军飞机对中国大学和文化机关进行狂轰滥炸。其意不但在屠我国民，更在亡我精神，灭我文脉。竺可桢为保存浙江教育的火种，保存中国学术的未来，响应政府号召，举校西迁。

此后浙大无论到哪个地方，不管条件如何艰苦，总在第一时间开堂授课。浙大师生在竺可桢的带领下，用脚步丈量山河，用心血谱写华章，凭借着顽强的斗志，把读书、求知的种子播撒到祖国各处。至今，浙大西迁所经之处，皆以浙大办学为美谈，以读书上进为宗旨。

竺可桢每周都组织师生演讲，并积极邀请国内外知名学者、科学家与大师来湄潭，李约瑟博士就是在这样的情况下来到遵义、湄潭的。在实地走访后，李约瑟感到在这深山沟里，学者们学术水准极高，学术气氛十分浓厚。他回国后在伦敦中国大学委员会演讲，赞扬中国科学家在极其艰苦的环境下工作，说："我认为联大、浙大可与牛津、剑桥、哈佛媲美。"之后又在《自然》杂志上写道："在重庆与贵阳之间一个叫遵义的小城市里，可以找到浙江大学，这是中国最好的四所大学之一……遵义之东75公里为湄潭，是浙大的科学活动中心。"

竺可桢和浙大用了十年时间，创造了中国教育的奇迹，铸就了中国教育的脊梁。浙大感谢老校长，中国感谢竺可桢。

五、情系龙泉

浙江大学龙泉分校的筹建和办学，离不开竺可桢校长全方位的关心和筹划。

1939年初，竺可桢校长接到国民政府教育部授意，便尽心竭力操办筹建浙江大学分校的相关事宜。2月，指派教务长郑晓沧、史地系陈训慈赴浙接洽，并于3月到龙泉察勘校址。4月，组织商议并拟写了《国立浙江大学在浙南设大学先修班并招各科一年级新生计划书》，呈送教育部。计划书对分校名称、地点、学额、招生、科目、组织、经费预算都拟定了计划。5月，竺可桢校长组织召开筹设浙东分校会议，成立了浙东分校设计委员会，对分校选址、名称、对外宣传，指令各院系"派定分校教员并拟定图书仪器设备"等事宜作了商定。同时，又委派了史地系李絜非"驰赴浙省，设筹备处，以利各方之接洽"。[①]此后多次组织召开十余次行政谈话会，商议筹建浙江大学浙东分校过程中的相关事宜。

---

① 李絜非:《浙东分校筹备始末》,许高渝、傅天珍主编:《国立浙江大学龙泉分校史料》,浙江大学出版社2019年版,第11页。

　　时逢乱世，筹建分校的经费一时难以下拨。校长竺可桢又分别于1939年的4月1日、4月15日、5月23日三次致电教育部陈立夫部长，终于解决了分校创建的经费问题。

　　分校业已成立，但对学校名称的拟定却出现了分歧。分校以为"嗣以龙泉命名，涵义过狭，兹敝命名为国立浙江大学浙东分校"，并于1939年10月电呈教育部批示，但未获通过。11月，竺可桢校长发木制印章一颗、印鉴三张给分校，并发电陈训慈主任遵照教育部旨意规范名称。但是分校以"'浙东分校'系依本校设计委员会决议改定，今通行已久，社会及地方当局均已熟悉，且本分校一切单据、簿册、文卷、器具等项均已印刊，势难改动"①为由，恳请竺可桢校长准用"浙东分校"名称，暂缓启用木制印章，暂存印鉴纸，但竺可桢校长坚决不同意其要求。1940年3月30日，浙江大学龙泉分校正式向社会各界发布通告："本分校应改称为'龙泉分校'。"

　　在教育部与地方分校发生矛盾之时，竺可桢凭借其政治眼光，理性对待，为龙泉分校的发展扫除了隐患。

　　浙大龙泉分校草创之初，困难颇多。竺可桢与分校多以电函交流，对分校的组织规程、校务会议规程及人事任免等一应事务多有关涉。分校创立接近一年，为解决分校学子增级读书的困难，竺可桢于1940年5月、6月亲函教育部，恳请拨款增设二年级，因时值战乱、经费困难而暂未获准。1941年，在竺可桢和分校主任郑晓沧的再三要求下，增设二年级的申请于1941年3月最终获得教育部批准，但增级所需费用八万元，"由本部拨助四万元外，其余半数，由部商请浙江省政府予以补助。倘该省政府不允拨助，仍应由该校在经常费内统筹支配"。②为解决资金短缺问题，竺可桢校长又多次电呈教育部，联系浙江省政府，陈述不能自筹的困难，最终于1941年年底大体筹齐。

---

①《陈主任呈校长文（1940年1月16日）》，见《国立浙江大学龙泉分校史料》，第21页。

②《教育部指令（1941年3月6日）》，见《国立浙江大学龙泉分校史料》，第68页。

竺可桢简介

竺可桢(1890—1974),浙江上虞人,中国卓越的科学家和教育家,当代著名的地理学家和气象学家,中国近代地理学的奠基人。他先后创建了中国大学中的第一个地学系和中央研究院气象研究所;担任浙江大学校长 13 年,被尊为中国高校四大校长之一;1949 年以后,出任中国科学院副院长,开辟了自然资源综合考察事业。他从 1936 年 1 月 1 日至逝世,记载每天的天气与物候,共 300 余万字。

竺可桢

【资料延读】

竺校长呈函教育部[①]

(1939 年 4 月 15 日)

附件1:

国立浙江大学在浙南设大学先修班并招各科一年级新生计划书

查本大学自敌军犯浙,鉴于军事变化,非可逆料,为保全国家重要之文化设备计,为与中央政府联络交通计,不得已筹迁出省,奉令西移。顾现在浙东局势,安定如恒,此属军事胜利,自足庆幸;而江浙皖赣诸省,数千高中毕业青年,远游未便,升学无从,实确有救济之必要,本大学顾念故土,义不容辞,适奉教育部饬往浙南专招各科一年级新生,并设置大学先修班之令,仰见中央对于江浙青年关怀蓁切,不惜增拨国款,以为救济之至意。爰决遵令前往办理。业经派员勘定浙江省龙泉县为分校校址,谨拟具计划如左:

一、名称

拟命名为"国立浙江大学龙泉分校",先招各科一年级新生,并设置大学先修班。

① 许高渝、傅天珍主编:《国立浙江大学龙泉分校史料》,浙江大学出版社 2019 年版,第 6 页。

二、地点

拟定在浙江省龙泉县。

三、学额

拟定一年级一百名,先修班六十名。

四、招生

拟提前于七月初专在浙江招生一次。

五、科目

拟设国文、英文、数学、物理、化学、生物、史地、社会科学(包括党义)、体育、军训等科。

六、组织

右列各科,拟各聘教授一人,助教一人。行政及教务方面,拟主任、训育、注册、会计、文书、庶务、校医、图书管理、无线电收发及女生指导各一员,书记二人。

七、经费概算

开办临时费拟定二万元,经常费拟定每年六万元,共八万元。呈请部拨六万元,本校匀拨二万元(附概算书)。

八、借读

各年级借读生拟俟分校成立就地举行登记,审查合格送大学本部分级借读。

九、通讯

分校拟置无线电收发报机,与大学本部自行通电。

【课后思考】

1.在竺可桢担任浙大校长期间,他的哪一做法给你留下深刻印象?

2.结合竺可桢的办学思想,请你对你现在求学的学校提几点建议。

第二节　郑晓沧主任

郑晓沧与浙江大学和龙泉分校有着十分深厚的渊源。早在浙江大学前身浙江高等学堂时期，郑晓沧就在该校求学。1929年，郑晓沧应聘到浙江大学任教，又回到了母校。从此，郑晓沧和浙江大学的命运休戚与共。

郑晓沧是一位教育家。他身上有浓郁的儒家色彩，又有西方的君子风度。他特别主张谆谆善诱，启发开导，从不疾言厉色。1940年4月，龙泉分校首任主任陈训慈先生因故请假，由郑晓沧教授代理，后者于8月1日起正式接任分校主任一职。龙泉分校初立时，草创维艰，困难颇多。郑晓沧对龙泉分校的办学倾注了心血，工作尽心尽责，小到社团创办、学生患病，大到训导工作、学校建设，事必躬亲。

郑晓沧不但支持同学们组织各种学术和文艺团体，还亲自参加学习、研究。例如，他在报上看到几天后可在福建浦城观察日全食，立即亲自写介绍信，派人到深藏在龙泉山沟里的浙江图书馆去抄摘有关资料，然后亲率"天文学会"的同学，冒着蒙蒙细雨，在崎岖的山道上步行七八十公里，前往浦城。虽然那天因天气不好，看不到日全食的全过程，但是郑晓沧倾注全部精力培养人才的精神，已令分校师生折服。又如"文学研究社"的第一次讲座内容，就是郑晓沧主讲的《谈翻译》。讲座在学生中引起了较大反响，掀起了大家学习外语的热情。那些年月，在浓雾尚未穿透的清晨，早起耕作的村民们时常在芳野的田塍旁，在石坑垄的密林中，听到英语、日语等各种外语的琅琅书声。

学生罗斯文入校不久，被诊断患了肾脏病。当时交通闭塞，药物紧缺，医生对此也束手无策。郑晓沧在经济条件十分困难的情况下，自掏腰包，寻找药方，最终治好了罗斯文的病。新中国成立后，已是中学教师的罗斯文在回忆录中这样写道：

郑主任离开人世也已数十年,但在我的记忆仓库中一直还珍藏着郑主任对祖国、对学生真挚、赤诚、火热的爱,那是闪烁着"为人师表"四个光彩夺目的金字的爱。他永远指引着我应该怎样培育下一代。[①]

郑晓沧以他热爱生活、乐观向上的精神感染着分校师生。他把分校所在地"坊下"更名为"芳野",寓意芬芳满垄,桃李遍野。他将分校的一幢教师宿舍命名为"风雨龙吟楼",并和这里的教员结社吟诗:

> 高士爱幽林,宁嫌云屐深?
>
> 虬松能折节,空谷有知音。
>
> 伫目山河靖,长歌天地心。
>
> 斯文风雨会,不绝听龙吟。

"芳野"和"风雨龙吟楼"的名称都会引起人们对诗情画意的美好遐想,但实际上"芳野"只是浙江一处贫困的山村,"风雨龙吟楼"则是由竹竿和杉树等搭建的简易宿舍。虽然物质生活艰苦,但在郑晓沧乐观精神的感召下,师生们相互勉励,精神上还是很愉快的。

郑晓沧团结了朱叔麟、夏承焘、孟宪承、朱重光、包伯度等一大批知名教授,经过几年不懈努力,使学校声名鹊起,成为"东南各省青年学生最向往的大学"。据统计,龙泉分校先后招生 1000 余人,为国家输送了大批人才,其中有几百人成为日后著名的专家学者。为此,郑晓沧付出了他的心血。

郑晓沧不仅是一位教育家,更是一名爱国者。他之所以尽心尽责地培育学生,与他对祖国的深切情怀有很大关系,这种情怀在他的诗作中随处可见。在

---

① 罗斯文:《回忆母校寄语青年》,见《龙泉文史资料第 8 辑——浙江大学龙泉分校建校五十周年专辑》,第 244 页。

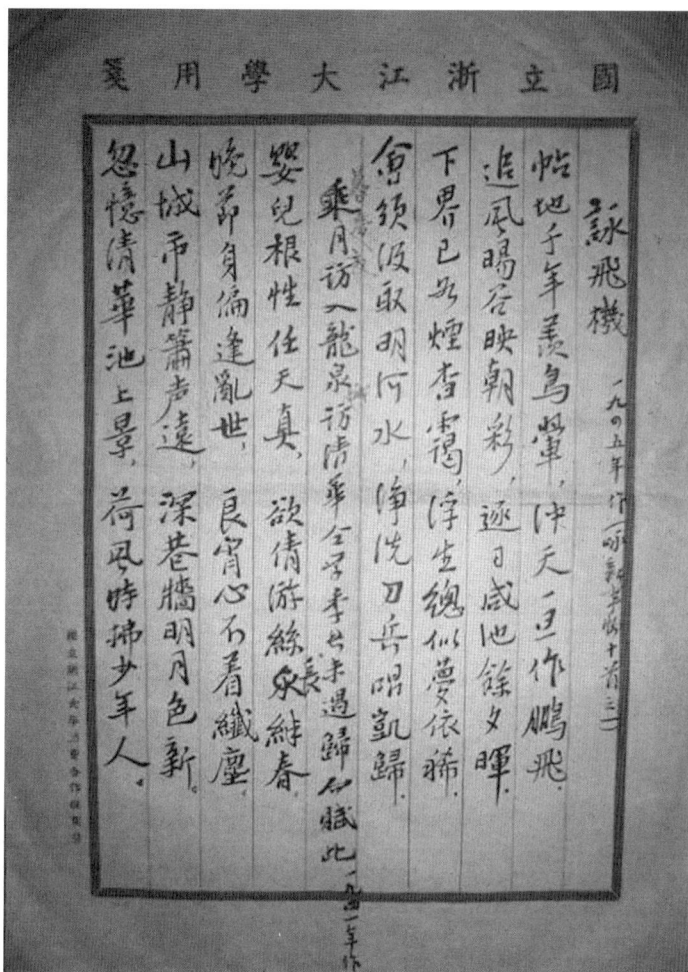

郑晓沧手迹

《龙泉自题小影》里，郑晓沧诗云：

乱后知何世？三秋梦里筳。

满郊犹虎豹，历劫未虫沙。

青鬓飘零尽，丹心磊落加。

家山不可见，浪迹是生涯。

1978 年冬天，郑晓沧年逾古稀，作为浙江省政协委员的他，仍在夫人的搀扶下参加省政协会议。会议结束后，委员们到浙江省展览馆参观。在那个寒冷的夜晚，郑晓沧参观了好几个展厅，足见他对祖国建设事业的关心。数月后，郑晓沧溘然长逝。

郑晓沧71岁时曾写过一首歌颂雷锋的五言绝句，其中他最满意的句子是"平凡见高处，高处不平凡"。这一句也是郑晓沧一生的写照。

郑晓沧简介

郑晓沧

郑晓沧（1892—1979），名宗海，浙江海宁人，美国哥伦比亚大学教育学硕士，当代著名教育家和教育学家，曾任浙江大学教务长。全面抗战爆发后，浙大西迁并设立龙泉分校，郑晓沧受校长竺可桢之聘，任分校"特约教授"，1940—1943年任分校主任。1943年返浙大遵义总校任研究院院长、师范学院院长和教育系教授、代理校长。1952年全国院系调整后，任浙江师范学院和杭州大学教育系教授，1962年任新建的浙江师范学院院长，1964年任杭州大学顾问。他学识渊博，治学严谨，为我国的教育事业贡献了毕生精力。翻译著作有《杜威之教育主义》《杜威教育哲学》以及小说《小妇人》《好妻子》《小男儿》等，并编著有《英国文学史纲要（英文）》《柏拉图论教育》《亚里士多德论教育》《西方资产阶级教育论著选》等。

【课后思考】

1.将"坊下"改名为"芳野"有何寓意？

2.郑晓沧身上有一种怎样的精神？

第三节　陈训慈先生

说到浙江大学龙泉分校，就不得不提及陈训慈先生。作为分校的第一任主任，他与分校情深义重。

陈训慈是竺可桢在东南大学任教时的一名优秀学生。浙大西迁后，时任浙江省图书馆馆长的陈训慈曾请恩师帮助转移祖国文化瑰宝——文澜阁藏《四库全书》。之后，受竺可桢所聘，于浙大任教。1939 年 1 月，竺可桢念及东南各省高中毕业生升学后西行困难，乃向教育部申请当年在浙招生一次。是年寒假，委派郑晓沧和陈训慈两人返浙勘觅校址。他们经人介绍，得知龙泉坊下有曾家大屋，遂往踏勘，最后选此租用。1939 年 3 月，陈训慈返回宜山总校复命。在此后的数月中，他一面照常授课和主持图书馆工作，一面则参与龙泉分校的筹备工作。

当时面临的第一个难题就是校舍、设备，所幸在陈训慈的主持下，各项工作得以顺利进行。校舍因属临时性质，于是不再额外装修，内外布置均从简朴。为了防避日寇空袭，陈训慈还提出将校舍上下全部刷黑伪装。至于分校的课桌椅、床铺等，都是自行采购木料，雇工制造，势必赶在开学前完成。分校需要的大量图书、仪器，一部分是向上海等地采购，另一部分则是在陈训慈到宜山浙大总部汇报筹备工作后，通过他不懈努力取得的。

1939 年 10 月，龙泉分校正式开学，学生共约 150 人，教职工 38 人。陈训慈任分校第一任主任兼教务长，掌管分校一切行政事务，日常校务甚是繁重，同时兼教中国通史等课程。虽然生活、工作很是艰苦，陈训慈依旧恪尽职守，竭力保证龙泉分校各项工作的正常运作。

经费的不足让陈训慈举步维艰，是否继续在龙泉增设二年级也是他忧虑的问题之一。为广大青年学子着想，陈训慈于 1940 年 2 月致函竺可桢，详述筹设二年级之三大理由。他的建议当时未被采纳。但一年以后，即 1941 年，龙泉分校终于获准举办二年级，使一大批爱国青年又获得求学的机会。

1940年3月陈训慈辞去分校主任一职。郑晓沧曾写信给竺可桢夸其"忠贞周到，自可信托"。

陈训慈简介

陈训慈

陈训慈(1901—1991)，字叔谅，浙江慈溪人，陈布雷弟。1924年毕业于国立东南大学，1932年任浙江省立图书馆馆长，任职期间，推行普及社会教育与提高学术研究相兼顾的办馆方针，实行通年全日开放制度，又先后创办《文澜学报》《浙江图书馆馆刊》等。1936年主持举办"浙江文献展览会"，参观者达8万人次。抗日战争中，为保护浙图藏书，主持组织抢运馆藏《四库全书》及古籍善本，避至龙泉，又组织抢运宁波天一阁9000多册藏书到浙南。1939年2月起，参与筹建浙大龙泉分校，为分校首任主任，对分校初建做了大量奠基性工作，次年5月调回总校。后历任国民政府军事委员会侍从室秘书，考试院考选委员会委员、参事。新中国成立后，先后任浙江省文物事业管理委员会常务委员，兼任文管会图书资料室主任，浙江省博物馆图书资料室主任等。

【资料延读】

陈训慈主任呈函竺校长报告分校自筹备以迄开学经过①

（1939年10月19日）

查本分校现已开课，溯自筹备迄今，约可分为三期：

（一）自本年三月间本校派员来浙与各方面接洽，并到龙泉县觅勘校址为第一期，此时询承龙泉县唐县长巽泽介绍龙泉坊下地方乡长曾玉如君私有房屋，先

---

① 许高渝、傅天珍主编:《国立浙江大学龙泉分校史料》,浙江大学出版社2019年版,第9页。

订草约，一面撰文宣传本校眷念东南，创设分校，亟图救济失学青年之意。

（二）七月七日至八月中旬办理招生为第二期，此时在永康设筹备处，登报招生，七月二十日至二十四日办理报名，七月二十七日至二十九日假树范中学校舍考试，该中学在乡距城十里，考生集中该处，住宿七天，施以短期生活训练，除每人纳膳费一元五角外，不足之数均由筹备处补贴，七月三十日至八月六日阅卷完毕，登报揭晓，计招考者三百六十二名，照招生会规定，正取一百二十名，备取三十名，八月七日至十七日协办统一招生事宜，阅卷既毕，将成绩单暨另一份报名表径送教育部查核。

（三）八月十八日至十月一日准备开学为第三期，是项准备工作，在总务方面为经临预算之编制，租赁契约之签订，校舍之修建布置，器具之装配与添置，不敷校舍之设计与筹建，图书仪器之购办与运输。在教务与训导方面，则为分发录取生三战区函，及保送生复学生之通知信，而答复各方学生询问及请求，分别通讯，尤为频繁，十月一日开学，一日至六日办理注册，七日选课，八日举行开学典礼，十一日正式开课。计学生总数共为一百六十名，内录取生一百二十名，报送生廿二名，复学生十六名，又试读生二名，查已到校缴费注册者一百四十八名。所聘教员共十八人，其时除化学教师孙玄街、体育教师陈陵大抵因交通困难未到，斯何晚、周恒益二先生因病未到，董聿茂、赵仲敏二先生因事未到，吴浩青先生在沪提运仪器，军训教官尚未聘定外，计已到十人，内一人即系主任兼课。职员连主任共十九人，则已于八月初到齐。目下斯何晚、赵仲敏二先生亦已到校授课。所有本分校自筹备以迄开课经过大概情形理合具文，呈报钧座鉴核备案。谨呈

国立浙江大学校长竺

全衔主任　陈训慈

【课后思考】

陈训慈教授对浙大龙泉分校的筹建做了哪些贡献？

第四节　群师荟萃

浙江大学龙泉分校办学的七年中，汇聚了数十位学界泰斗：教育家郑晓沧、孟宪承，数学家朱叔麟、毛路真、孙增光、徐桂芳，化学家路季讷、曹元宇、陈嗣虞、吴浩青，物理学家周北屏、郭贻诚、斯何晚，生物学家董聿茂、王曰玮，金维坚，历史学家陈训慈、孙正容、李絜非、张崟、季平子，文学家夏承焘、孙养癯、王季思、胡伦清，语言学家徐声越、任铭善，外国语文学家林天兰、戚叔含、张其春，工程学家朱重光、张树森、陈仲和、王祖蕴，农学家包伯度、韩雁门、程学达，心理学家潘渊，地理学家王勤堉，经济学家安明波等。他们在一盏盏昏黄的桐油灯下，为开创中国战时教育事业，著书立说，写下一摞又一摞的教案，编成一叠又一叠的讲义，真可谓：笔底国魂烛日月，胸中剑气凝春秋。同怀兴亡天下事，满腔心血育新枝。

一、理工先贤

当时的师资是一流的。理科教师中朱叔麟教授资历最深，有很丰富的教学经验。朱老师上课妙趣横生，引人入胜，凡是听过朱老师课的同学，都会被他高超的授课艺术折服。

路季讷

路季讷是分校化工系的台柱，早年与竺可桢校长同期赴美留学，是一位知名学者。1939年，应竺可桢之邀，任浙江大学教授，并先后出任龙泉分校主任和杭州校本部主任。路老师讲课从不带讲稿，但是讲得却很有逻辑。他上课时，讲完一个命题后，习惯于稍作停顿，并含着微笑轻轻摇晃几下脑袋，这种安详的神态，使得全神贯注听课的学生也得到了放松。

毛路真是数学系的精英，为工学院开设微积分课程，亦是少数自分校初建时便在校任职的教师，前后在龙泉生活了近七年。他讲课声音清亮，语句精练，重点突出，分析透彻。更难得的是，他讲课滔滔不绝，却没有半句多余的话，对时间的把控也很准确，每讲完最后一个知识点时，往往是下课铃声响起之时。他上课从不压堂，也不摆架子，深受同学们的尊重和爱戴。抗战胜利后，他于1946年初随浙大龙泉分校返回杭州，1961年至去世前为浙江大学数学力学系主任，编著有中国第一本《大代数》。

陈仲和讲授应用力学等课程，任务不轻，这些课程是机电、土木两系的重头课。陈仲和治学严谨，总是伏案做学问。他虽然不善言辞，甚至略有口吃，但学生向他请教问题时，他总是不厌其烦地帮助他们把问题弄清楚。

郭贻诚是加州理工学院物理学博士，教书极认真。在他开讲前常有五分钟的测验，以测试同学们对功课了解的程度。因此，许多人在"郭老板"步入教室前后时会觉得万分紧张。郭老师在试卷上记分不用百分制而用小数点制。学生如得满分，他会在卷末画一直杠，后加一点。学生要得满分，非常不容易。

陈嗣虞任教化工系。他每次上课都很充实，恨不得把所有的有机化学知识全部传授给学生。那时候，实验所需的仪器、药品全部依赖国外进口，而当时海岸线已被敌人封锁，国外器材无法输入。在如此艰苦的条件下，他就地取材，指导化工系的学生齐心协力，圆满完成了"桐油裂化成代汽油"的试验。

斯何晚任教物理系。每次上课前，他都十分认真地备课，从不马虎，在他的书桌上，永远摆满了物理参考书等种种资料，此外做笔记、编讲义，一个不落，就是为了能将课上到最好。做物理实验，尽管已有助教，他仍然坚持亲自在场以求完美。这样孜孜不倦、锲而不舍的教学精神着实令人敬佩。

二、人文先哲

文科教师中年龄最长的是孙养癯，他是清朝吏部尚书孙家鼐的后代，时任分校特聘教授。他白鬓垂项，学识深厚，时常抨击时弊，飘逸不群。

徐震堮主讲中国历代散文，他知识宏博，学贯中西，精通英、法、德、意、俄、西班牙六国语言。因为他看上去非常严肃，更不爱笑，所以一般的学生在他面前都很恭敬。其实徐教授是个非常真诚、热情的人，每当有同学向他请教问题，他都会耐心地给予解答，也会在闲暇时对学生进行课业辅导。读书和教书，在他看来是一件十分快乐幸福的事情。无论是在离开龙泉后所作的《寄坊下诸生》一诗，还是把自己的诗文集称为《梦松风阁诗文集》，都表达了他对学生的关爱之心，对这段特殊岁月的怀念之情。

"一代词宗"夏承焘的讲课最有魅力，不仅见解独到，而且生动有趣，经常把其他班的学生吸引过来，所以他的课堂连门外都挤满了听课的学生，这在当时被传为佳话。除却课堂外，夏承焘还十分善于寓教于闲谈，因此他的房间也常常"客满为患"。在夏承焘的居所，生活琐事，人生哲理，大情小爱，没有不可以谈论的话题。在他面前，同学们都极为放松，敢于表达自己的思想。他也不摆长者架子，喜欢征询学生们的意见。他告诫大家：一定要有一颗谦虚的心，做人也好，做学问也是；要不断地发现他人的优点，汲取他人的长处。

夏承焘

王季思才华横溢，在东南文坛上颇为活跃，散文和小品多见于报端，对此学生很是钦佩。他的诗词多慷慨豪情，他本人也像虎虎生威的青年人，甚至还有一个"王老虎"的名号。据说某次他在椅子上睡着了，夏承焘用粉笔把他投射在板壁上的影子画下来，并手书"睡虎图"三字。据说有学生一见此画就认出真人。王季思在抗战胜利后，任教于浙江大学本部，并潜心研究中国文学史及元人杂剧，先后完成《西厢五剧注》《集评校注西厢记》等，还带领弟子一起校注《桃花扇传奇》。他先后主编过《中国

王季思

文学史》《中国十大古典悲剧集》等高校文科教材，其中很多作品被译成外文，在国内外学术界中有重大影响。

林天兰令人敬畏。他非常喜欢英文诗，因而常常会叫学生在他的课堂上背诗，他则坐在旁边击拍静听。英文欠佳的学生，对他的课会感到紧张。林天兰也曾写过《抗战声》一类大合唱的歌词。

潘渊老师主讲哲学，是英国心理学会会员，为人和蔼可亲，他曾在北大与胡适、鲁迅共事，称胡适为"适之先生"，对鲁迅则直呼其名。据语言学家胡裕树回忆：他讲课爱用文言，不讲"我们"，而说"吾人"；不讲"各位同学"，而说"诸生"。潘渊精通数国语言，在学术界有较高的威望。

三、其他教师

孟宪承（1894—1967），江苏省武进人。我国现代著名教育家与教育理论家，华东师范大学首任校长。孟宪承学贯中西，博古通今，在教育理论研究方面建树甚丰，同时在文史哲等学科方面也有很深的造诣。1940 年 8 月到浙江大学龙泉分校任教，任教育系教授兼教务主任。1942 年国民政府公布首批 29 位部聘教授名单中，孟宪承是唯一的教育学教授。1956 年孟宪承被评为一级教授，2006 年入选中国高等教育学会"共和国老一辈教育家"首批宣传名单。

胡伦清（1896—1966），名永声，以字行，浙江海宁人。1916 年考入北京大学中文系，曾参加五四运动。毕业后曾在湖州、嘉兴等地任教。一度担任浙江省教育厅秘书。1930 年到杭州高级中学重执教鞭，并担任浙江省中等教育国文研究会主席，主编《国文精选丛书》《民族文选》《唐宋传奇小说选》《乐府诗选》等，全面抗战爆发后，任浙江省立联合高级中学教务主任。1939 年 8 月到龙泉浙大分校任教，历任国文讲师、副教授、教授，其中 1944 年 8 月至 1945 年 7 月，兼分校师范学院国文

孟宪承

系及师初国文科主任。抗战胜利后随校迁回杭州，仍任浙大教授。1952年2月起因院系调整任浙江师范学院和杭州大学中文系教授。

吴浩青（1914—2010），江苏宜兴人。1939年8月被派往浙江大学龙泉分校任化学实验指导老师，1940年升任讲师。1952年全国院系调整，到复旦大学化学系执教，任化学系主任、教授。1980年当选为中国科学院化学部委员。他是中国电化学的开拓者之一，致力于锑元素电化学性质的系统研究，得到国际公认。

董聿茂（1897—1990），字功甫，浙江奉化人。1939年8月起在浙江大学龙泉分校任生物学教授，1940年8月至1941年7月间为英士大学专任教授，1941年8月重返龙泉分校任教，其中1943年8月至1945年8月任农艺系主任。他是中国甲壳动物研究的奠基人之一，所著《东海深海甲壳动物》一书填补了中国深海甲壳动物研究的空白。

董聿茂

陈陵（1908—？），字劲仲，湖南湘阴人。在国立中央大学就学期间创造过110米高栏、400米中栏、撑杆跳高和男子十项全能的全国记录，曾代表中华队两次获得上海万国田径运动会个人总分锦标。1939年8月—1942年1月任浙江大学龙泉分校体育讲师。新中国成立后历任无锡文教学院教授，江苏师范学院体育系科主任、教授，江苏省体委副主任，省体育总会副主席，南京体育学院成立后任首任校长。鉴于他对我国竞技体育事业和体育教育事业作出的杰出贡献，1985年国家体委授予他"新中国体育开拓者"荣誉奖章。

金天游（1898—1966），字仙裁，浙江兰溪人。1939年8月起任浙江大学龙泉分校图书馆管理员，后在英士大学图书馆工作。1941年，回浙江省立图书馆任采编部主任。中华人民共和国成立后，曾任浙江省政协委员，1961年被选为浙江省政协文史资料研究委员会委员。著有《中国藏书家考略》《汉译西文书目索引》《丛书子目索引》《图书之分类》《图书馆档案分类法》等。1954年所撰《普通图书馆图书分类表》被学界誉为最佳分类法。他擅长作诗填词，于金石、古琴、摄影亦有造诣。

姚含英（1902—?），女，浙江嘉兴人。嘉兴私立女子秀州中学毕业，曾任浙省二中附小、四中附小教员，省立八中女生指导兼附小教员。1939年8月至1945年11月任浙江大学龙泉分校女生指导员。她工作勤奋、踏实、细致，深受同事和学生好评。龙泉分校复员回杭后仍在浙大任职。新中国成立后，在浙大担任生活指导组组员、总务处出纳组组员等。

陆子桐（1901—?），浙江绍兴人。曾参加浙江大学龙泉分校的筹建，1941年1月至1943年7月任分校总务主任，1945年9月负责接收浙大在杭校产，后任总务处事务组主任。新中国成立后，调浙江大学附属第一医院，任总务科长。

张树森（1898—1984），字挺三，浙江平阳人。1940年8月赴遵义浙江大学，任土木系副教授。1941年8月调至浙江大学龙泉分校任教，历任工程学副教授、教授，兼土木系系主任。抗战胜利后，随学校回迁杭州，仍任土木系教授，其中1950年8月—1952年1月兼任系主任，之后担任测量教研组主任。著有《平面测量学》《实用天文测量法》等。

韩雁门（1897—1976），安徽太和人。毕业于法国南锡大学农学院。回国后一度在上海大学任教，曾任庆元县县长。1941年10月至1943年7月，在浙江大学龙泉分校任农艺教授。新中国成立后，在浙江省农林厅任土产科科长。著有《种植油茶的方法》《稻麦玉米大豆及薯类的选种法》等。

季平（1916—2010），字平子，浙江龙泉人。1939年毕业于西南联合大学历史系，1942年4月至1945年年底历任浙江大学龙泉分校历史助教、讲师，教授西洋通史。抗战胜利后在上海私立南洋中学高中部任教，其间自1946—1950年同时先后在坤范女中、育才中学、光华附中等校兼课。1956年9月—

1987年，在上海第一师范学院、上海师范学院、上海师范大学历史系任教。先后编著历史学著作数十部，发表大量论文。

王曰玮（1907—1988），字幼菁，浙江黄岩人。1942年8月—1943年1月曾在浙江大学龙泉分校任植物科学副教授。1931年毕业于南京中央大学动物系。他对生物系生态与环境生物学学科的奠基和发展起了关键性作用，主编包括《植物营养生理学》《植物生理学》等教材。曾任浙江省植物学会理事长、名誉理事长。

王勤堉（1902—1951），字鞠侯，浙江慈溪人，著名的史地学家。他著译甚丰，1944年8月至1945年2月受聘浙江大学龙泉分校任地学教授。1951年，他发现早在1717年清代绘制的《皇舆全览图》中就有"珠穆朗玛峰"，对珠穆朗玛峰的命名和归属提出意见。1952年5月27日，中国政府宣布正名为"珠穆朗玛峰"。

任铭善（1913—1967），字心叔，江苏如皋人。1943年5月至1945年11月任浙江大学龙泉分校国文系副教授。 1946—1951年任浙江大学文学院副教授并指导研究生。1952年2月后历任浙江师范学院教授、副教务长，杭州大学教授，在校期间率先开设"汉语史"课程并编写汉语史教材，为学校该学科的建设起了奠基作用。治学以文字音韵训诂为主，后专攻经学。还从事语言学理论、现代汉语和方言的研究，在普及语言学基本知识、组织浙江方言调查方面做了许多工作。1960—1961年，参加《辞海》修订工作，是语词部分的主要撰写人。

任铭善

戚叔含（1898—1978），号曜公，浙江上虞人。1944年被浙江大学龙泉分校聘为特约教授。抗日战争结束分校迁杭后，为浙江大学外文系教授并曾代理外文系系主任。1952年院系调整，转任浙江师范学院外文系教授，1953年调任上海复旦大学外文系教授。从事高校外语教育事业达50年，为培养外国语言、文学人才和开展外国文学研究做出了贡献。他在教课的同时，潜心于英国文学史、莎士比亚戏剧与诗歌的研究，注重中外文学艺术的比较研究。著有《莎士比亚与〈哈姆雷特〉》《论汤显祖与〈牡丹亭〉》《读〈红楼梦〉笔记》等。

在烽火连天的岁月中，知识分子中也不乏谋求升官发财之人。浙江大学龙泉分校的老师大都耻谈仕途，蔑视商贾，不管生活如何艰苦，都总是以忧国奉公为己任，以教育青年为要务，以钻研学术为人生意旨。龙泉分校为国家培养了一大批人才，不少人还为国家建设做出了卓越贡献，这与老师们的培育和熏陶是分不开的。

【课后思考】

1. 教授名流汇聚一堂，这对分校有何意义？

2. 哪位教师给你留下深刻的印象？为什么？

第四章　学书学剑情

　　在龙泉求学的这段时间，学生们的生活是艰苦的，他们吃的是粗菜糙米，住的是茅屋草舍，但他们怀着赤诚的爱国心，在昏黄的桐油灯光下刻苦攻读，在芳野的有限条件中顽强拼搏，在国难当头的时势下散发着浙西南的求知之光。

第一节 艰苦生活

曾家大屋至今陈列着当年学生用膳的菜橱，它在某种程度上反映了在烽火岁月中的艰苦生活。原龙泉市博物馆馆长在诗中这样写道：

龙泉市曾家大屋内保存的菜橱

> 那是一个普通得不能再普通的菜橱
>
> 椭圆形的"浙大"印章
>
> 像烙印一样镌刻在菜橱的心中
>
> 这菜橱确实老了旧了
>
> 却保持着自己独有的风度……

一、饮食条件

当时的伙食很差，一日三餐都是粗菜糙米，米饭是定量供应的。吃饭时每桌八个学生，每餐一小桶米饭，平均每人两小碗。由于饭少，怕后来的学生吃不到，故每餐都按规定时间开饭，并由膳食委员会的学生喊开吃口令。据当时农经系学生樊延龄回忆：膳食委员会主席很遵守时间，喊口令前是计秒的，告诉其他同学离吃饭时间还有十秒……五秒……一秒，直到喊"开动"，大家才可以开吃。龙泉盛产毛笋，但每当毛笋出鲜时，食堂内仅有的菜就是盐水毛笋，餐餐如此，且看不到一滴油水，偶尔放点蘑菇进去，略增鲜味。学生想吃荤菜只能梦想，古人云"三月不知肉味"，有学生调侃他们是"三年不知肉味"！

二、起居环境

芳野地势低洼，群山环绕。入冬后，阳光要到9点多钟才出现，下午4点钟又被遮住了，即使白天也颇为阴冷。校舍房屋都是粗木结构，墙壁用的是木板，屋顶上盖的是杉树皮，没有天花板，地是黄泥地，下雨时，屋外下大雨，屋内下小雨，一片泥泞。屋柱所用的木头没有剥去树皮，板壁上开了窗，冬天就用白纸糊上，遇到大风大雨，窗纸就会被完全撕去。一到晚上，风寒交加，把刚用过的毛巾晾在室外，顷刻冻成冰块。下雪天，屋檐上挂下来的"冰箸"足有一尺多长。入夜后，大家用草绳把棉被捆起来睡，有的同学使用一种竹制"火笼"御寒，以至白天上课时，也把它挂在裤带上取暖。

同学们脚穿破鞋去上课，下雨天没有雨鞋的同学就用两块木板绑着脚走路。一些家在沦陷区的学生，长裤已经破得无法再补，膝盖处皮肉都露出来。在严寒的冬季，学生也只有单薄的衣裤。冬天晚自习则成为学生们与寒冷斗争的时刻，他们一边学习，一边跺脚搓手，否则会被冻僵。尽管条件如此艰苦，却极少有人抱怨，因为大家都知道这样的学习机会来之不易。

三、出行条件

吃住困难，行路亦难。龙泉分校只设一、二年级，学生如想继续深造，务必往西去贵州或广西。试想当下有人想去贵州或广西，坐上高铁即可，可在那时，除了湖南、广西两省部分地区可乘火车之外，其余省市只能乘汽车。汽车也不能长途运送，只能是由甲县到乙县，再由乙县到丙县。而且当时没有正规的客车，只有货车司机为了赚外快才会搭你一程。人被挤在密封罐头式的车厢里，这滋味可想而知。更糟糕的是当时的车辆容易抛锚，不管白天黑夜还是荒郊野岭，说抛锚就抛锚。古代童蒙诗云："一去二三里，烟村四五家，亭台六七座，八九十枝花。"有人把它改成"一去二三里，抛锚四五回，修理六七次，八九十人推"，描述得并不夸张。竺可桢校长在日记中记载：1940年苏步青老师由温州去遵义，路上走了三十五天。亦有分校的学生回忆，某某同学由浙江去贵州，由于遇上"湘桂战役"，竟用了半年时间。这在今天听来，不啻为"海外奇谈"，可在当时却不算最悲惨的。学生在西行途中，有遭遇土匪洗劫的，有患病不起的，还有翻车导致重伤的。种种困苦，非笔墨所能尽述。

【资料延读】

自龙泉至贵州总校[①]

葛维型 孔良曼

1943年暑假快到的时候，我们刚念完大学一年级，那时龙泉一带鼠疫流行，人人自危。学生自治会召开大会，通过了向校方争取已念完一年级的学生也可提前去贵州总校的要求(按规定，学生在分校必须念完二年级，方始能去贵州总校念三、四年级)，校方接受了我们的要求，发给部分路费津贴，并联系了车辆和沿途的住宿点。我们百余个学生，自由组合成许多小组，卷起铺盖告别芳野，踏上西去的旅程。虽然我们害怕鼠疫而急于逃离芳野，但临别回首眺望，对散布在山坡上的几幢树皮屋顶木房舍还是感到由衷的惜别之情。

自龙泉至遵义，要穿过浙江、福建、江西、广东、湖南、广西和贵州七省，横贯了半个中国，行程约5000多里。我们沿着公路从龙泉到广东曲江，然后乘上火车沿粤汉铁路、湘桂铁路和黔桂铁路至独山，再沿公路至遵义。这样的长途旅行是非常艰苦，我们虽然没有像早几届同学遭到土匪抢劫，但有一次在福建浦城附近发生车祸，险些翻下悬崖。在以后的路途上，我们曾多次看到滚落在深山沟里的汽车残骸，不禁毛骨悚然。我们一路上都是白天开车，夜晚住宿在公路旁城镇的小学校教室里。把几张课桌拼起来，打开随

---

① 葛维型、孔良曼：《逃离孤岛 奔赴求是学府》，见王振春主编《纪念浙江大学在龙办学70周年》，第232页。

身携带的铺盖卷,在这上面一铺,就成为一张床了,第二天一清早,又长途跋涉。车到曲江后,改乘火车,条件虽比汽车好多了。但火车也不是安全的,有一次也碰到险情。从金城江到独山的一段铁路,是爬上云贵高原的阶梯,山坡极陡,铁路成"之"字形,曲曲折折地往上爬,要一个火车头在前面拉,另一个火车头在后面推,我们前面的一班列车的车厢之间突然发生脱钩,几节车厢沿着山坡的铁轨向后倒退,一泻而下无法控制,终于翻了车,死伤惨重。听到这个车祸的消息,大家都吓呆了,但又不得不硬着头皮继续前进。火车喘息着缓慢地向上爬,我探头往来路向下看,铁路贴着山沿边硬凿出来的路基蜿蜒而下,我们已高高在上,看得头晕目眩了。将浙闽之间的仙霞岭和粤赣之间的大庾岭与之相比,真是小巫见大巫了。

就这样,我们怀着对祖国的热爱,对未来的希望,跋涉千山万水,来到了大后方云贵高原的遵义和湄潭,进入求是学府总校,开始了大学生活的第二个阶段。

【课后思考】

假设你是浙大龙泉分校的一名学生,面对艰难时局和艰苦生活,你会如何应对?

第二节 刻苦学习

一、学习概况

虽然分校的生活艰苦，但是学生的学习热情依旧高昂。浙江文风昌盛，国学根底厚实的学生不在少数。那时的芳野，清晨饭后最常见的情景就是：有的学生在走廊上，高声朗诵国学美文；有的学生手捧英文，大声诵读，中西之音此起彼伏。还有同学伫立栏杆边，举目望天，口齿微动，念念有词，应是在背诵某个理科公式。迨上课铃响，便齐集室内聆听教师授课。课间休息时，学生在教室、走廊或曾家大屋门口远眺群山，俯视田野，稍作休息。午饭后休息片刻，即返回教室上课，或去实验室做实验。只有在晚饭后，学生才有闲暇漫步田野，享受晚霞的绚烂和大地的恬静。等到暮色渐至，又复归大屋自习。

桐油座灯

自习室即白天上课的教室，也是曾家大屋内不多的可供学生读书写字的场所。桐油灯成为学生晚自习时的照明工具。它的灯座是一截长约 16 厘米、直径约 7 厘米的毛竹筒，内贴盛油的铁皮。灯芯由灯草或草纸搓成。教室里人手一盏，烟雾弥漫，学习氛围却很好，偌大一个教室，只听见灯芯燃烧时的"哒哑"声，书页翻动时的"沙沙"声。晚自习一般到11点才结束，也有人直至深夜，真可谓"三更灯火五更鸡，正是男儿读书时"。第二天早晨起床，很多学生吐出的痰都是黑的。洗脸时用毛巾绞鼻孔，连毛巾也变黑了，连绞多次还是不干净。起初还有学生用毛巾手帕将口鼻包住，后来有的因为眼镜上容易起水雾，有的因为呼吸困难，最终都不包了。大家都有排得满满的读书计划，都不顾一切地发愤学习。有学生坦言每上一课都有如都德《最后一课》般的悲愤，但是大家依然坚信：战争肯定会以胜利而告终，侵略者总有一天会被赶跑。

分校学生刻苦攻读的情景给乡民们留下了深刻的印象。当时还是十几岁少年的松溪县大布村原村长林家烈回忆说："在山坡草地、河边沙滩上，到处都可以见到大学生们的身影。他们席地而坐，争分夺秒地刻苦研读。连星期天大学生们到河边码头洗衣服，也带着书本，洗完衣服，就坐在河边大樟树下看书。有一天，乌云四起，突然下起大雨，有10多个大学生抱着书本跑到我家避雨，他们进了门，首先察看手上的书是否被淋湿，他们珍惜课本，把书籍看得比什么都重要。"

1942年拍摄于浙大龙泉分校的生物实验室

当时的学生以乐观的人生态度共渡难关，以不屈不挠的求是精神探求真知。他们在艰苦的环境中默默承受，这种"饥寒交迫"的煎熬，现在的学生是无法想象的。他们怀着报国之心，在昏暗的桐油灯下刻苦学习，这种"挑灯夜读"的滋味，现在的学生也是体会不到的。

二、学习个案

朱兆祥是我国著名的力学家、教育家，宁波大学第一任校长。可是谁能想到，他在龙泉分校求学时竟十分害怕英语考试，甚至感到英语考试比日本飞机空袭还要可怕。

考试前，英文教授林天兰宣布："先做两题，等空袭警报来了，你们就留下卷子跑出去。"结果，那场英语考试，空袭警报真的响起。做完两道试题的朱兆祥离开了考场，如愿地避开了英语考试。但此事让年轻的朱兆祥悔恨不已，他暗暗发誓，从今以后无论如何都要提高英语成绩，甚至要在全校同学中名列前茅。

那时的分校没有电灯，读书照明只能靠一盏桐油灯。学校规定桐油限量、限时发放，用完不补。朱兆祥虽然下了决心，但没有灯油仍无济于事。苦心人天不负，有一天早起，他看见学校厨房里透出一束亮光，走近观察，发现亮光是从厨房大灶后面漏出来的，这让朱兆祥欣喜万分。此后，学校食堂的工友起床，他也准时无误地起床，食堂工友准备生火煮饭，他就抢着帮工友添柴添火。当灶膛里火光熊熊的时候，他就拿着矮凳坐在灶膛前，借着从大灶里漏出来的火光，大声诵读英文。长此以往，他的英语成绩稳步提高。

无独有偶，机械系学生黄晞和化工系学生丁儆，刚进分校时的英语成绩也是不忍直视。但他们发奋学习、奋起直追的故事，让人感动万分。工学院教室南端有一小块棉田，寒冬的早上，黄晞和丁儆带着英语课本，到这块小小的棉田里，把英语课本支在干枯的棉秆顶上，你听我背，相互帮助。北风刺骨，冻得他们瑟瑟发抖，但分校的学子们，就是这样寒来暑往，起早贪黑，如同龙泉当地辛勤的淬火铸剑人，为的是剑吐锋芒的那一天。

【课后思考】

1. 当年学子的求学精神与"岁寒，然后知松柏之后凋也"的意义有何异同？

2. 读完朱兆祥、黄晞、丁傲等人苦学英语的事迹，你有何感想，可想尝试？

第三节　社团活动

贫瘠的生活并没有消磨同学们对大学生活的热情。怀着"读书不忘报国"的理想，学生们各展所长。芳野剧艺社、春雷文艺社、文学研究社等一个个学生社团纷纷涌现，活跃于校园以及城乡各地，开展抗日救亡宣传活动，为报国募捐，为抗战出力。

一、社团简介

芳野剧艺社是学生自发组织的话剧团。据说社团名称是郑晓沧定的，社团演出的第一场戏，即是由郑晓沧亲自撰写的英语剧本《牛顿》。社团每次演出，都要耗费社员们大量精力。剧本选定后，社员们就要到各院系学生中选拔角色，甚至还要到校外物色人选，这时骨干社员就要做大量的组织工作。角色配齐后，由导演定出计划，分定场次，利用课余时间排练。这时社员们就被分配到两个大组，一组当演员，一组做舞美。演出使用的大部分服装、道具、布景、灯光等都是向当地借用的，人手不够时还要请社外的同学协助。芳野剧艺社曾多次在龙泉各地演出，表演过《日出》《万世师表》等大型话剧，受到龙泉人民的好评。剧艺社每次公演，往往要反复演出2—3场。演出结束后，演员们习惯聚集在舞台上，谈论观众反应，总结个人在演出过程中的得失，分享集体演出成果的喜悦。

春雷文艺社是一个学生学习、讨论文艺创作的社团，成立于1942年初，参加者有数十人，多为师范学院学生。发起人是翁心惠、潘德钧、黄礼芳等。翁心惠，笔名翁亭，年龄稍长，工于杂文小品和短论，寓意深刻，富有见解，为同学们所敬仰，被推举为社长。他经常在《东南日报》上发表文章，曾发动春雷文艺社和文艺研究会举办纪念屈原的大会，其场面堪称文学盛会。春雷文艺社的热心小读者翁郁文说："翁心惠同志确实像师长般帮助过我，可以说，他是我走上革命道路的一位启蒙老师。"很难想象，在如此艰苦的环境下，爱好文艺的学生能自发组织起来，讨论文艺理论，自愿花钱买来稿纸，进行写作交流。翁心惠和其他社员一起把各人的习作收集起来，把编排好的原稿加上目录和封面装订成册。1939 年至 1941 年初，《春雷》共发行了十多期。当时的《浙江日报》副刊《江风》、《浙江妇女》时有选登春雷文艺社成员的作品。

陈列于曾家大屋三楼展馆

春雷文艺社成立数周后，文学研究社也随之诞生。文学研究社是当时一个比较大的跨院系学会，由严北溟任社长。《浙江日报》在龙泉办报初期，报纸的副刊就是交给文学研究社来主编的。参加的多是文学院的同学，有方无锡、赵平、汤禄熙等人，宁树藩任诗歌部长，其他学院也有少数同学参加。成立未久，便创办了油印刊物《剑声》，还制作了一个纪念章，图案典雅，受人称赞。1942 年端午节，文学研究社和春雷文艺社还联合主办了一次诗歌朗诵大会。这两个文艺社团还出墙报，发表成员的作品，进行文艺创作问题的讨论，主张用文学作品反映抗战生活，用文艺活动点燃抗战热情。

社团为学生提供了展示才华的平台，更给予了他们继续前行的力量。据春雷文艺社社员黄礼芳回忆，新中国成立以后，同为社员的骆正深在上海师范大学教授古典文学，施亚西在华东师范大学出版社担任编审，王阜彤晚年仍坚持作唐诗注释，林巧眉退休后参加了整理出版《竺可桢日记》的工作。他们在各条战线上积极为国家做贡献，继续着大学时代的"春雷"梦想。

二、活动举隅

朱兆祥在分校就读期间，曾发起组织了一个天文学习会。这是一个与课程无关的学术团体，但社员们对天文学表现出的热情，保留于龙泉芳野的历史时空中。

1941 年，朱兆祥他们获悉时年 9 月 21 日将会在中国南部出现日全食，可惜龙泉在日全食带之外，而与龙泉交界的福建浦城在日全食带之内。为了能观测到难得一见的日全食，他们在郑晓沧教授的带领下，竹杖芒鞋，奔走三天，远赴数百里之外的浦城。

第一天，他们翻山越岭，到达浙闽交界的八都小镇，当天晚上，还在镇上做了一些日全食预告和破除迷信的宣传，第二天，才搭上一辆货车赶去浦城。他们一路风尘赶到浦城，竟然大失所望。那天，本应万里无云的天空，却挂着一片片久久不散的薄云。更可恼的是，临日全食前的五分钟，薄云竟变成一大片浓黑的乌云，把阳光完全遮没了。时间一分一秒地过去，天色也一点一点地阴沉下来，山上的鸟雀"叽叽喳喳"飞回林子。他们心有不甘地守候着，直到天光重现，直到满山的鸟雀又从林子飞出，才悻悻而归。

即使经过此次事件，他们观测星象的热情也有增无减。有一次为了观测月掩火星的奇景，他们也是守候到凌晨 3 点。以勤为径、以苦作舟的他们，终有收获。后来的他们居然能说出天上一千多颗星星的名字。

【资料延读】

浙大龙泉分校史地学会纪略[1]

（1941 年 3 月 1 日—1942 年 7 月 15 日）

倪士毅

一九四一年

---

[1] 许高渝、傅天珍主编：《国立浙江大学龙泉分校史料》，浙江大学出版社 2019 年版，第 331-332 页。

3月1日,二十九年度第二学期开始。

3月15日,举行龙泉分校史地学会筹备会,并草拟简章。

3月20日,举行龙泉分校史地学会成立大会,会员计王省吾、倪士毅、徐正诗、毛志云、谢文治、舒渭庭、娄嗣昌、吴渭英、徐乃雍、蒋季华、徐长春、程光裕、汤禄熙、邵盟共十四人。通过简章,并推王省吾为主席,毛志云为文书,倪士毅为总务。

3月25日,举行第一次干事会。

4月1日,苏毓棻教授率领本会会员往趺石,参观浙江省立图书馆藏书库。

4月12日,苏毓棻教授为本会讲"黄梨洲之生平"。

4月20日,郊游棋盘山,并野餐。

4月26日,浙东时局紧张,学校改五日为一周。

5月3日,接总校史地学会来函,并调查表一份。

5月5日,复总校史地学会,报告本会工作情况,并附本会简章、会员名单各一纸。

5月11日,函竺校长请求设置分校史地系二年级。

6月4日,举行学期结束会,并聚餐、摄影。

6月19日,二十九年度第二学期结束。

10月,分校奉部令添设二年级,史地系历史组附入中国文学系。

10月11日,三十年度第一学期开始。

11月11日,举行史地学会,更名本会为国立浙江大学史地学会龙泉分会。

11月16日,欢迎新会员,并举行本学期第一次大会,会员计王省吾、毛志云、徐正诗、吴渭英、程光裕、蒋季华、徐乃雍、舒渭庭、陈福绥、罗伟、柳泽莘、陈翰钧等二十一人。(倪士毅、谢文治入总校本系,徐长春转农经系,汤禄熙、娄嗣昌休学。)通过本分会会章,并推王省吾为主席,毛志云为文书,徐正诗为事务,罗伟为调查,陈翰钧为研究,舒渭庭为出版。

11月20日,函竺校长,请解释中国文学系附历史组之性质,并请正名为文史系等事。

11月28日,函总校张其昀系主任及史地学会,报告本分会工作情况。

一九四二年

1月1日,年假开始。

1月2日,年假终止。

1月4日,举行第一次读书报告会。报告者及题目如下:

王省吾:我国古代婚姻史略述。

陈翰钧:春秋战国时代的兵。

舒渭庭:(题佚)。

1月11日,举行第二次读书报告会。报告者及题目如下:

徐乃雍:(题佚)。

陈福绥:鸦片战争始末。

柳泽萃:克鲁泡特金的互助论。

1月25日,举行学期结束会,并第三次读书报告会,报告者及题目如下:

程光裕:清代的文字狱。

罗伟:我国历代宦官之祸。

徐正诗:(题佚)。

2月12日,三十年度第一学期结束。

3月9日,三十年度第二学期开始。

3月12日,举行本学期第一次大会。会员名单同第一学期,改选柳泽萃为主席,毛志云为文书,徐正诗为事务,罗伟为出版,舒渭庭为调查,王省吾为研究。

3月16日,函总校史地学会,报告本分会工作情况。

3月26日,安明波教授为本会讲"抗日的历史意义"。

5月3日,郑晓沧教授为本会讲"史地教育"。

5月10日,举行"中国现阶段社会结构"座谈会。

6月14日,浙东时局紧张,学校提前结束。暑假开始。

6月15日,学校公布"入总校及借读他校办法"。

6月23日,丽水失守。

6月26日,学校宣布暂迁福建松溪。

7月11日,首批西迁同学起行。

7月15日,二批西迁同学起行。

【课后思考】

1. 你最感兴趣的是当时哪个社团？为什么？

2. 从《浙大龙泉分校史地学会纪略》中，你读到了什么？

第五章 桃李满天下

　　艰难的时局和艰苦的办学条件，并未阻挡西迁办学的浙江大学不断发展的脚步。民族存亡之际，竺可桢校长以其先进的教育理念、办学宗旨、治学经验，指引着浙江大学在遵义、湄潭、龙泉等地的办学工作，克服常人难以想象的艰难困苦，在战火纷飞、颠沛流离的困境中严谨办学，撰写了校歌，明确了"求是"校训，倡导并力行"只问是非、不计利害"的求是文化，不断丰富和完善学校相关规章制度，培养出一批又一批优秀的人才，开创了"东方剑桥"的恢宏气象，成就了一段"文军长征"的传奇和佳话。

第一节 浙大校歌

1938 年，在西迁办学期间，竺可桢校长主持校务会议，正式确定了浙江大学校歌。校歌歌词由著名的国学大师马一浮撰写。马一浮的这首浙大校歌歌词，用的是文言文，引用了较多典故，不太通俗，读起来比较拗口。竺可桢曾考虑改写，但他又觉得，马一浮的歌词含义深远，很能体现浙江大学所追求的求是精神，最终未作改变。1941 年，著名作曲家应尚能为浙大校歌谱曲。从此，校歌以其特殊的音律激励浙大学子们在知识的海洋中徜徉。

马一浮

应尚能

浙江大学校歌①

马一浮

大不自多，海纳江河。②惟学无际，际于天地。③形上谓道兮，形下谓器。④礼主别异兮，乐主和同。⑤知其不二兮，尔听斯聪。⑥

国有成均，在浙之滨。⑦昔言求是，实启尔求真。⑧习坎示教，始见经纶。⑨无曰已是，无曰遂真。⑩靡革匪因，靡故匪新。⑪何以新之，开物前民。⑫嗟尔髦士，尚其有闻。⑬

念哉典学，思睿观通。⑭有文有质，有农有工。⑮兼总条贯，知至知终。⑯

成章乃达，若金之在熔。[17]尚亨于野，无吝于宗。[18]树我邦国，天下来同。

注释：

① 1938 年 11 月 19 日，在广西宜山，竺可桢校长主持校务会议，决定以"求是"作为浙江大学校训，并确定了马一浮创作的歌词作为浙江大学校歌，后由著名作曲家应尚能谱曲。

② 起首二句典出《庄子·秋水》。黄河河伯见到百川灌河，水势浩大，于是欣然自喜。及见到北海之浩瀚无边，方知自己的渺小。北海海神若对河伯说："天下之水，漠大于海，万川归之，……而吾未尝以此自多者，自以比形于天地而受气于阴阳，吾在于天地之间，犹小石小木之在大山也。方存乎见少，又奚以自多？"这两句以大海为喻，说明做人应谦虚好学，应有海纳百川的胸襟。多：赞美、夸耀。

③ 无际：无边。际于天地：边际径接天地，形容学问广大。

④ "形上"二句语出《周易·系辞上》："形而上者谓之道，形而下者谓之器。"意谓抽象的超出形体之上的叫作"道"，有具体形体可见的叫作"器"。

⑤ 礼：泛指阶级社会的礼仪规范。主：掌管，主持。二句语本《礼记·乐记》："乐者天地之和也，礼者天地之序也。和故百物皆化，序故群物皆别。"《史记·乐书》亦曰："乐统同，礼别异。"二句意谓乐的主要功能是和合民众，礼则用于辨别人们之间的差异。

⑥ 不二：即"不二法门"之省称。佛教称平等而无差异之至道为"不二法门"；后用以指独一无二的门径、方法。尔听斯聪：你的听觉以至整个心灵才能变得聪明。

⑦ 成均：周名大学曰成均。《周礼·春官·大司乐》曰："大司乐掌成均之法，以治建国之学政，而合国之子弟焉。"浙：浙江，古亦称渐江。

⑧ 求是：语出《汉书》卷五十三《河间献王传》："修学好古，实事求是。"唐代颜师古注："务得事实，每求真是也。"

⑨ 此句语本《周易·坎》："《象》曰：水洊至，习坎。君子以常德行，习教事。"《习坎》，卦名，省称"坎"。三国陆绩曰："洊，再。重，习也。水再至而溢，通流不舍昼夜。重习相随以为常，有似于习，故君子象之，以常习教事，如水不息也。"经纶：原指整理丝缕。此处比喻治政的才干和人才。

⑩ 是：正确。遂：达。二句意谓不要以为自己什么都正确，不要以为自己已把真理穷尽。

⑪ 靡：没有。匪：非。因：因袭。二句意谓没有一项改革可脱离对过去的继承，没有一样旧事物不再需要创新。

⑫ 开物：意谓研究万物，并加以改革利用。语本《周易·系辞上》："夫《易》，开物成务，冒天下之道，如斯而已者也。"前民：做万民的先导、榜样。

⑬ 髦士：英俊之士。语出《诗·小雅·甫田》："烝我髦士。"尚：表示劝勉的语气词。有闻：指博学多识。

⑭ 典学：语出《尚书·兑命篇》："念终始典于学。"孔颖达疏："念终念始，常在于学。"这是大臣傅说勉励高宗的话，后因称皇子致力于学为"典学"。此处是对大学生的勉励之辞。思睿观通：思，思维；睿，通达。《尚书·洪范》："思曰睿，……睿作圣。"观，智慧；通，通达。释慧远《大乘义章》二："粗思名觉，细思名观。"此句意谓思维细密，通达物情，则智慧洞朗，无物不照。

⑮ 文：文华，辞采。质：诚实、质朴。《论语·雍也》："文质彬彬，然后君子。"

⑯ 兼总：指将各种知识兼容并蓄，全面掌握。条贯：指有条理、有系统。知至知终：意谓知道知识的源流和最高境界。《易·乾·文言》："知至至之，可与言几也；知终终之，可与存义也。"《大学》："物格而后知至，知至而后意诚，意诚而后心正，心正而后身修，身修而后家齐，家齐而后国治，国治而后天下平。"

⑰成章：《说文》曰："章，乐竟为一章。"由此引申为达到一定阶段、一定水平可称成章。《孟子·尽心上》："君子之志于道也，不成章，不达。"歌词"成章乃达"当本于此，意谓（浙大学子们）应努力使自己有所成就，从而实现通达。

⑱尚：表示劝勉的语气词。此句语本《周易·同人》："同人于野，亨。"亨：通达顺利。孔颖达疏："野，是广远之处，借其野名，喻其广远。言和同于人，必须宽广无所不同，用心无私，乃得亨通。"无吝于宗：意为不要固守自己所知的一家一派之说。

浙江大学校歌

本校校歌释义①

郭洽周

海纳江河,却从不恃其大而自满自夸。学习也是一样,从来没有边际。世界上抽象的是道理,具体的是器物。礼规范着世上的差异,乐引领着社会的和谐。道器、礼乐不可二分、相反相成,你听懂这个道理就是聪慧。浙水之滨有所大学。以前名叫求是,实质应是启发你追求真理。教师要坚持依学生天性进行教育,以自身品德为示范,这样化育效果才会显现,学校也才能因此壮大。万不可自以为是,万不可以为穷尽了真理。没有什么革新不讲继承,没有什么旧事物毫无新意。如何开出新气象?研究和阐发物理、引导人民。青年才俊们,希望你们能够听到。对于书本学习,思考要深邃,要看到各学科脉络相通。文体农工商都要有所涉猎。知识的学习讲求兼容并蓄有条有理有系统,求知要寻根究底,求学要有始有终。做学问讲求循序渐进才能有所成就,就好像金子出炉定型前仍在受熔炼的状态。理论视野要宽广,不要偏执于一宗一派。建设我们的文化,让世界都来认同。

浙江大学校歌释疏

刘操南

大海浩瀚而不自满,所以能容纳千江万河。大学学问广阔无际,延伸到整个宇宙天地。

超越形体的称为道,有具体形貌的称为器。

礼制区别人们差异,音乐使民众和谐相处。明白它们的统一关系,就会更加聪慧明智。

有一所国立大学,在中国东南的浙水之滨。它以求是为宗旨,其实就是启迪大家求真。学校教育循序渐进,方能培育出治国才俊。莫言已把握事物本质,更莫言已穷尽真理。没有变革不需因袭,没有旧事物不需更新。怎

---

① 郭洽周:"三十年十一月遵义校本部纪念周讲演",题为"本校校歌释义",曾刊于《浙大学生》第二期。

样改革创新？探究事物，做大众的先导。

诸位年轻的英才，应当明了这些重要道理。要专注于学业，力求思想深刻、识解通明。我们有人文、科学、农业、技术多种学科。要融会贯通，掌握知识的源流和实践运用。日后成才成功，犹如真金经过熔炉的冶炼。要胸襟宽广，不偏守门户之见、宗派之私。努力振兴祖国，使世界各国人民和谐共处。

浙大校歌今译
朱兆祥 邓爽

大不自多，大学之大在于不自满学问的积累，

海纳江河。就像大海一样容纳下千万条江河。

惟学无际，学问的道路无边无际，无穷无尽，

际于天地。学海的边际一直延伸到整个宇宙。

形上谓道兮，一方面讲事物的抽象、逻辑和理论，

形下谓器。另一方面讲事物的实体、实践和实用。

礼主别异兮，礼制，着眼于规范不同的社会生活，

乐主和同，音乐，为的是谐和众多的天籁声音，

知其不二兮，要懂得相反相成、一分为二的道理，

尔听斯聪。就会有永远的智慧和无比的聪明。

国有成均，在伟大祖国的东南，有一所大学，

在浙之滨。坐落在浩荡东流的浙江之滨。

昔言求是，著名的求是书院是她的前身，

实启尔求真。求是校训教导大家要永远求真。

习坎示教，教学要像流水那样恒又不息、循序渐进，

始见经纶。方能够培养出经纶天下的俊才群英。

无曰已是，千万不要以为已经做到完全正确，

无曰遂真。更不要以为已经把真理穷尽。

靡革匪因，没有一项新的改革可以脱离继承，

靡故匪新。 没有一项旧的事物不再需要更新。

何以新之？ 怎么来做到开拓创新，与时俱进？

开物前民。 要揭露事物的奥秘，要率先为了人民。

嗟尔髦士， 英俊的年轻有为的同学们，大家起来，

尚其有闻。 努力争取成为博学多闻的人。

念哉典学， 大学生的使命贵在始终如一地坚持学习，

思睿观通。 深入思考，观察事物的变化和运动。

有文有质， 在我们的大学里既有文又有理，

有农有工， 还有旨在经世济民的农和工，

兼总条贯， 要综览全人类的知识，做到融会贯通，

知至知终。 进德修业知道什么是终极、什么是根本。

成章乃达， 这样我们才完成了完美的乐章，

若金之在熔。 像玉石受到了琢磨、金属受到了淬炼。

尚亨于野， 要和平民百姓共命运来求得亨通，

无吝于宗。 不吝惜舍弃那只谋私的一派一宗。

树我邦国， 建设好我们伟大的祖国，

天下来同。 普天之下都会来和我们友好认同。

校歌新解

任少波

大——永不自满，像大海包容江河，

学——辽阔无际，广胸怀察天观地。

天地间形而上者称道，形而下者为器，

人类社会则有制度统摄差异，艺术促进和谐。

明白它们是统一的客体，学问才有洞察之力。

有一所中国最好的大学，在浙水之滨，

她曾经以求是为名，实质是启迪大家求真。

真理需要恒久的探索习教，才能一窥经纶，

所以莫言已达事物真谛，更莫言已穷尽真理。

没有什么革新不需要继承，没有什么旧例不可以创新，

如何改革创新？惟有走在民众前列勇于探求实践。

诸位青年才俊，要认识这样的科学路径。

专注于学问，才能思想深刻，识解通明。

我们有人文、科学、农业、技术多种学科，

要善于分析综合，掌握知识的源流走向。

真金在熔炉中才会闪现，伟大的成果在锤炼中产生，

绝不能固守宗派门户，走入人民大众才会找到通达之路，

大家努力振兴祖国，使世界各国心驰神往和平共处。

【资料延读】

马一浮自释校歌①

案今国立大学，比于古之辟雍。古者飨射之礼于辟雍行之，因有燕乐歌辞，燕飨之礼，所以仁宾客也。故歌《鹿鸣》以相宴乐，歌《四牡》《皇皇者华》以相劳苦，厚之至也。食三老五更于太学，必先释奠于先师，今皆无之。学校歌诗，唯用于开学毕业，或因特故开会时，其义不同于古。所用歌辞，乃当述立教之意，师弟子相劝勉诰诫之言，义与箴诗为近。辞不厌朴，但取雅正，寓教思无穷之旨，庶几歌者、听者咸可感发兴起，方不失乐教之义。(《学记》曰："大学始教，皮弁祭菜，示敬道也。宵雅肄三，官其始也。"此见古者礼乐之教，浃于人心，然后政成民和，国家以安。明堂为政之所从出，辟雍为教之所由兴，其形于燕飨歌辞者，笃厚深至如此，犹可见政教相通之义，此治化之本也。《论语》曰："诵诗三百，授之以政，不达，虽多，亦奚以为。"今作乐安歌，宜知此意。)

今所拟首章，明教化之本，体用一原，显微无间。道器兼该，礼乐并得。以救时人歧而二之之失。言约义丰，移风易俗之枢机，实系于此。

次章，出本校缘起。以求是书院为前身，闻已取"求是"二字为校训。今

---

① 刘梦溪主编：《中国现代学术经典——马一浮卷》，河北教育出版社 1996 年版，第 84-87 页。

人人皆知科学所以求真理,其实先儒所谓事物当然之则,即是真理。(事物是现象,真理即本体。理散在万事万物,无乎不寓。所谓是者,是指分殊。所谓真者,即理一也。)凡物有个是当处,乃是天地自然之序,物物皆是当。交相为用,不相陵夺,即是天地自然之和。(是当,犹今俗言停停当当,亦云正当。)序是礼之本,和是乐之本,此真理也。(六经无真字,老、庄之书始有之。《易》多言"贞",贞者,正也。以事言,则谓之正义。以理言,则谓之真理。或曰诚,或曰无妄,皆真义也。是字从"正",亦贞义也。以西洋哲学真善美三义言之,礼是善,乐是美,兼善与美,斯真矣。《易》曰:"天下之动,贞夫一者也。"《华严》谓之一真法界,与《易》同旨。)故谓求是乃为求真之启示,当于理之谓是,理即是真,无别有真。《易》曰:"水洊至,习坎,君子以常德行,习教事。"义谓水之洊至,自涓流而汇为江海,顺其就下之性而无骤也。君子观于此象,而习行教化之事,必其德行恒常,然后人从之。本校由求是蜕化而来,今方渐具规模,初见经纶之始,期其展也,大成如水之洊至,故用习坎之义。取义于水,亦以其在浙也。"无曰"四句,是诫勉之词。明义理无穷,不可自足。勿矜创获,勿忘古训,乃可日新。"开物成务","前民利用",皆先圣之遗言,今日之当务。("前民"之"前",即领导之意。)傅说之告高宗曰:"学于古训乃有获。"今日学子,尊今而蔑古,蔽于革而不知因,此其失也。"温故知新",可以为师教者,所以长善而救其失。此章之言,丁宁谆至,所望于浙大者深矣。

末章之意,与首章相应。首言体之大,末言用之弘。"念终始典于学"是《说命》文。典者,常也。久于其道而天下化成,乃终始典学之效。成山假就于始篑,修涂托至于初步,要终者必反始,始终如一也。"思曰睿,睿作圣",是《洪范》文。"观其会通,以行其典礼",是《易·系辞》文。"知至至之,可与几也。知终终之,可与存义也",《易·乾·文言》文。"知至"即始条理事,"知终"即终条理事。"同人于野,亨",《易·同人》卦辞。"同人于宗,吝",《同人》六二爻辞。野者,旷远之地,惟廓然大公,斯放之皆准,而无睽异之情,故亨。宗者,族党之称,谓私系不忘,则畛域自封,终陷褊狭之过,故吝。学术之有门户,政事之有党争,国际之有侵伐,爱恶相攻,喜怒为用,皆是"同人于宗",致吝之道。学也者,所以通天下之志,故教学之道,须令心量广大,绝诸偏曲之见,将来造就人才,见诸事业,气象必迥乎不同,方可致亨。又今学校方在播迁之中,远离乡土,亦有"同人于野"之象。(大学既为国立,应无地方限制。若谓必当在浙,亦是"同人于宗",吝道也。)然此之寓意甚小,无关宏旨。他日平定后还浙,长用此歌,于义无失。

又抗战乃一时事变,恢复为理所固然。学校不摄兵戎,乐章当垂久远。时人或以勾践沼吴为美谈,形之歌咏,以寓复兴之志,亦是引喻失义。若淮夷率服,在泮献功,自系当来之事,故抗战情绪不宜羼入歌辞。文章自有体制,但求是当,无取随人。歌辞中用语多出于经,初学不曾读经者,或不知来历,即不明其意义。又谱入曲调,所安声律,亦须与词中意旨相应,故欲制谱之师,于此歌辞深具了解,方可期于尽善。因不避迂妄,略为注释,如其未当,以俟知者。

【课后思考】

1. 对于浙大校歌多个版本的解释,你最容易接受哪一个?

2. 查阅资料,了解国学大师马一浮的生平事迹,编写人物展板。

第二节 "求是"校训

浙江大学在西迁办学中，确立了"求是"校训，丰富了"求是"精神，所经之处弦歌不辍，力克时艰，为当地教育事业的发展提供了可传承发扬的模板。这些地区日后创办的学校，仍然能透露出一股强劲的浙大校风，可见当年浙江大学在办学过程中对"求是"精神贯彻之深，"求是"精神对当地教育的影响力度之强。

一、校训发端

"求是"的渊源可以追溯至浙江大学前身求是书院。求是书院自创建之日起，就提倡"务求实学，存是去非"，并在师生中逐渐形成了"正其义、不谋其利，明其道、不计其功""以尽一己职责"的"求是"校风，这种校风一直延续至浙江大学。

曾家大屋内竺可桢像与校训

抗战期间，浙江大学西迁办学，经历了艰难困苦和生死别离，这使得竺可桢对"求是"有了更为深刻的理解。

1938年11月，竺可桢在广西宜山的开学典礼上，作了"王阳明与大学生的典范"的演讲。在演讲中，他以王阳明的求是精神、遇险不畏精神、艰苦卓绝精神和公忠报国精神，激励浙大师生在艰危中奋发进取，并提出以"求是"为校训，继承和发扬"求是"的优良传统，贯彻治学的精义。1938年11月，校务会议正式通过了这项提议。

关于"求是"的含义，竺可桢曾作过多次阐述，他在"求是精神与牺牲精神"的演讲中说："所谓求是，不仅限为埋头读书或是实验室做实验。求是的路径，《中庸》说得最好，就是'博学之、审问之、慎思之、明辨之、笃行之'。单是博学审问还不够，必须慎思熟虑，自出心裁，独著只眼，来研辨是非得失。既能把是非得失了然于心，然后尽吾力以行之，诸葛武侯所谓'鞠躬尽瘁，死而后已'，成败利钝，非所逆睹。"在此，竺可桢已经将"求是"的含义大大地拓广和深化了，他所倡导的求是精神就是科学精神、牺牲精神、奋斗精神和创新精神。

此后，竺可桢又在《科学之方法与精神》一文中更明确地阐述了"求是"的方法和路径，他说："近代科学的目标是什么？就是探求真理。科学方法可以随时随地而改换，这科学目标，蕲求真理也就是科学的精神，是永远不改变的。……据吾人的理想，科学家应取的态度应该是：1.不盲从，不附和，一以理智为依归。如遇横逆之境遇，但不屈不挠，不畏强御，只问是非，不计利害。2.虚怀若谷，不武断，不蛮横。3.专心一致，实事求是，不作无病之呻吟，严谨整饬毫不苟且。"竺可桢的这些论述，特别是他所概括的科学家应取的三种态度，不仅为万千"求是"学子所遵循，而且一直为学者们所称颂。

二、校训发展

新中国成立以来，特别是改革开放以来，浙江大学的历任校领导，在继承和发扬求是精神的基础上，特别强调在新的历史条件下的开拓创新精神。

1988 年，时任浙江大学校长的路甬祥对"求是创新"校训作出"实事求是、严谨踏实、奋发进取、开拓创新"的阐释。1992 年，路甬祥在建校 95 周年的致辞中说："创新精神，严格地说，它已包含在求是精神之中，……但人们往往把求是理解为求实，侧重于对现有知识的认识和运用，对现状的客观分析和把握，而不特别强调创造与创新。……浙江大学要办得有中国特色和自身特点，培养一大批具有献身、求实、创新、协作精神的社会主义建设人才和接班人，必须十分重视创新精神的提倡，并且形成良好的群体意识，坚持正确的社会主义方向和原则，坚持开放，改革创新。"路甬祥的这段话，既是对"求是创新"的诠释，也是对为何要立"求是创新"为校训的解答。

1995 年，时任浙江大学校长的潘云鹤在浙江大学教学工作会议上作了题为"抓住时机，迎接挑战，迈向一流"的讲话，提出了知识(knowledge)、能力(ability)、素质(quality)并重的人才培养新模式，使得"求是创新"的方法和路径更为具体、明确。

"求是创新"是新时代求是学子的行为准则和奋斗目标。正可谓："求是"源远流长，"求是创新"前程似锦。现在的浙江大学经过多年的建设与发展，已经成为一所基础坚实、实力雄厚、特色鲜明的综合型大学。可以说，浙江大学今天的成就，始于浙大师生在西迁时期对"求是"精神的执着坚守。浙大的"西迁之路"就是"求是之路"。一批批求是学子从浙大成长，日后或默默奉献于某一重要岗位，或成就于某一前沿领域，他们的身上共有一种"求是精神"。她，属于浙大。

【课后思考】

1. 简述浙江大学校训的历史渊源。

2. 搜集各大学校训，与同学交流。

第三节 谨严校风

浙江大学龙泉分校的校风素以谨严著称，创办第一年就对学生"实施普遍之军事化管理，并施行严格之军事训练"。

龙泉分校对学生操行、学业、体育的培育非常看重。1943 年分校教务组《选送学业、操行、体育俱优生经过》记载："本校因向无学业、操行、体育三项合并后之平均分数，故选送时先检出其学业成绩最优者，再考察其操行、体育成绩（初次选出者为潘德钧、程毓菜两名，均为师范生），后以前者操行成绩不合，故再就大学部中选出一名，师范生不再选，结果选出宋晞、王祖槐二名，后者又因操行成绩不合落选，故最后决定程毓菜及宋晞二名当选。"[1] 可见，分校把操行、学业、体育作为优秀学生的甄选标准，并且尤其看重学生的操行。

为了便于对学生操行、学业、体育等方面进行全方位培育，分校制订了一系列谨严的规章制度。1939 年 11 月 21 日出台的《国立浙江大学浙东分校军事管理暂行规程》，对军事训练的组织、食堂用膳、校内待人接物、宿舍作息、请假、上操、野外演习等方面都有严明的纪律规定；1939 年 12 月出台的《国立浙江大学浙东分校学生通守规约》，除部分纪律规定外，更多的是操行方面的规定和要求，如学生要"养成自学自治之精神，思想行动力求纯正光明""尊师重道""恪守纪律""私人生活必须严谨细行，重公德，简单朴素，刻苦耐劳，革除一切不良好之习惯与嗜好"。[2]

分校和本部一样，实施导师制。为此，分校还于 1939 年 11 月专门出台了

---

① 许高渝、傅天珍主编：《国立浙江大学龙泉分校史料》，浙江大学出版社 2019 年版，第 260-261 页。

② 许高渝、傅天珍主编：《国立浙江大学龙泉分校史料》，浙江大学出版社 2019 年版，第 268 页。

《国立浙江大学浙东分校导师制实施办法大纲》，规定："导师对于学生之思想行为、学业及身心摄卫，均应体察个性，施以严密之指导，使得正常之发展，以养成健全之人格。"[①]为更好地推行导师制，分校还颁布了《导师会议暂行细则》，规定"导师会议于开学期间每月举行一次"，审议"训导方针""训导进行计划"，"听取各导师对学生实施指导之报告"，"研讨训导实施时之各项问题"。[②]分校在导师制推出五年后，又发布了《国立浙江大学龙泉分校导师制施行细则》，让导师制更为完善和细化，使之更加有效地培育分校学子。

分校对学生学业的要求非常严格，规定学生每学期选修学分在 18 个，不得任意超过，也不得少于 14 个。单科成绩在 50 分以下者不得补考，需重修该门课程；所修课程中有三分之一以上不及格者不得补考，作留级处理；所修课程中有二分之一以上不及格者不得补考，作退学处理。

浙江大学龙泉分校在考试纪律上尤为严格，处分也绝不留情。1940 年 1月 22 日颁布了《国立浙江大学浙东分校考试规则》，规定"绝对不得有任何舞弊情事"。[③]《分校陈主任函竺校长报告学期考试经过情形》记录 1940 年 1 月25 日—30 日期末考试期间，"有学生罗来安因一科夹带舞弊，已照章予以开除之处分。又有学生一人因场中交谈而予以扣分之处分"。[④]学生张天籁回忆：军训课笔试，一学生认为该考试无关紧要，偷看讲义，虽然没抄成，也被校方贴布告记大过处分。在如此严肃的考试纪律下，学生们收起了倦怠，埋头苦读，有的学生甚至将讲义背诵到不漏一字的程度。胡裕树、宁树藩称数十年后仍能完整背诵某些课程的内容。

良好校风的形成，首先是规章制度的确立，而后是文化的熏陶。学生进校

① 许高渝、傅天珍主编：《国立浙江大学龙泉分校史料》，浙江大学出版社 2019 年版，第 268 页。
② 许高渝、傅天珍主编：《国立浙江大学龙泉分校史料》，浙江大学出版社 2019 年版，第 274 页。
③ 许高渝、傅天珍主编：《国立浙江大学龙泉分校史料》，浙江大学出版社 2019 年版，第 254 页。
④ 许高渝、傅天珍主编：《国立浙江大学龙泉分校史料》，浙江大学出版社 2019 年版，第 256 页。

后的第一课，就是"校史文化"。浙江大学的前身"求是书院"，创建之初，正值清廷腐败、国势日衰、外侮日亟之际，许多有志的青年学子，甘愿舍弃当时科举取士的"利禄必由之途，而入学堂，学西学"，"孳孳为学，互以敦品励行相勉"，"如有以功利之说进者，常笑之"，以尽"一己职责"。通过始业教育，学生不仅对浙大的前世今生有了大致的了解，而且将"求是"精神浸润于心，潜心钻研、探求新知，养成奉公守法、不慕名利的品质。

【资料延读】

国立浙江大学浙东分校考试规则[①]

（1940 年 1 月 22 日）

一、本分校为严格考核学生学业之成绩，举行各种考试，特定订本考试规则。

二、本分校各种考试之试场通则，订定如次：

1.考试时必须按照规定席次就座。

2.考试时必须准时入试场，非因必要得教师或监试人员之许可，不得出场。

3.除某项科目特经规定之表册仪器外，其他书籍文具不准携带入场。

4.试场内必须保持整齐肃静与良好之纪律。

5.对试题字迹或涵义，如有不清楚时，得向教师询问，但以教师规定之时刻为限。

6.考试交卷需照定时，交卷后不得滞留试场内。

7.在考试时间内，应服从担任教师及监试人员之指导。

8.违反试场通则者，得由担任教师与训导处、教务处商定惩处办法。

三、各种考试应尽力保持荣誉之观念与严正之精神，绝对不得有任何舞

---

① 许高渝、傅天珍主编：《国立浙江大学龙泉分校史料》，浙江大学出版社 2019 年版，第 254 页。

弊情事,违者予以扣分、试卷无效、记过或除名之处分。

四、本分校每学期结束或学年结束时之学期考试,采会考制。除适用上开二条之规定外,并规定下列之办法:

1. 每一试场内,容纳若干学科考试之学生,其座位席次参互混合编排之。

2. 考试时各科原授课教师须亲自莅场监试。

3. 原授课教师之外,得由主任另行加聘监试人员,协助监试。

五、本分校学期考试请假与补考等事项,除本校学则之规定外,并订定下列之办法:

1. 凡缺课时数超过本学期授课总时数三分之一以上者,不得参与学期考试。

2. 凡确因遭大故或因病经医师证明不能参与学期考试者,经本分校教务主任之核准请假,得于第二学期开学时规定日期补考。

六、关于本分校各种考试之时间、计分及补考各项,为本规则所未定者,概适用本校学则各条之规定。

七、本规则经本分校校务会议通过施行。

【课后思考】

1. 你如何理解浙江大学龙泉分校的校风?

2. 谈谈校风对今天学校各项建设的意义。

第四节 杰出校友

　　芳野的荒山野谷，石坑垄透风透雨的茅草屋，磨练出一大批推动社会进步和历史发展的科学家、文学家、教育家和建设人才。如中国科技大学校长谷超豪、宁波大学校长朱兆祥、北京工业大学校长丁儆、南京航空学院院长余承业、"中国文化大学"文学院院长宋晞等。有人戏称浙江大学龙泉分校是中国大学校长的摇篮。此外还有几百位有相当成就的专家学者，如美国宾夕法尼亚大学教授杨忠道，美国布朗大学图书馆东方部主任蒋以明，美国佛罗里达大学教授袁嗣良，浙江大学教授郭本铁、王云海、徐规、孙贤铭、王锦光、田志伟、陈昌生、蒋祖荫、倪士毅、徐朔方、倪宝元，南京大学教授叶彦谦，复旦大学教授金福临，山东大学教授余寿绵，北京理工大学教授戚叔伟，华东师范大学教授施亚西，中科院上海分院副院长池志强，中国驻英大使馆文化参赞应幼梅，著名诗人唐湜……均出自当年的龙泉分校，其中有几位还是中国科学院院士或工程院院士。

一、理科校友

郭本铁（中）和学生交流

　　郭本铁（1919—），浙江宁波人。1939年10月复学入读浙江大学龙泉分校数学系一年级，次学年到总校学习，1943年8月毕业并留校任教。1946年随校回迁杭州，为浙江大学数学力学系、流体工程技术研究所的创办人之一，中国研究磁流体力学的开拓者之一，曾任浙江大学应用数学教研室主任等职，主要从事应用数学等的教学和研究工作。

龙槐生（1919—1993），浙江金华人。1939 年 10 月考入浙江大学龙泉分校物理系一年级，次学年到总校学习，1943 年 8 月毕业并留校任教。1952 年前，曾担任物理学实验与讲课任务，1952 年院系调整后筹建光学仪器专业。任中国物理学会、中国光学学会理事、委员。合著有《近代光学测试技术》等，编写《光学仪器理论》等九种教材和讲义。承担"散斑技术""光导纤维在精密干涉计测上的应用"项目的研究等。

叶彦谦（1923—2007），祖籍浙江兰溪，生于浙江开化。1940 年 10 月考入浙江大学龙泉分校理学院数学系，至 1942 年夏读完二年级后赴贵州浙大总校继续学习，1944 年毕业。毕业后留校担任助教。1947 年秋，进入上海中央研究院数学所任陈建功教授助理，后参加陈省身教授主持的拓扑学讨论班。1949 年重返浙大工作，1952 年 9 月调至南京大学直至退休，为南京大学数学系的学科建设和人才培养做出了突出贡献。1954 年后，在微分方程定性理论等方面取得了一系列重要成果，著有数学论文数十篇和专著、译著多本，其中《极限环论》于 1986 年在美国出版，受到国内外学者很高的评价。

王锦光（1919—2009），浙江永嘉人。1940 年 10 月—1942 年 7 月就读于浙江大学龙泉分校理学院物理系，后转至暨南大学数理系学习，并于 1944 年毕业。毕业后曾任永嘉县中物理教员。1952 年起在浙江师范学院、杭州大学物理系任教。1986 年晋升为教授。曾任中国科学技术史学会第一、二届理事等。多次参加国际学术活动，并在当地大学讲学。出版数本物理学史专著和教材，其中《中国古代物理学史话》和《中国光学史》于 1986 年、1988 年分获浙江省高校自然科学荣誉奖和全国第一届优秀教育图书奖二等奖。

杨忠道 (1923—2005)，浙江苍南人。1942 年 11 月就读龙泉分校理学院数学系一年级。1946 年毕业后留校任助教。

杨忠道

1948 年到南京中央研究院数学研究所学习，1949 年赴台。曾任台湾大学讲师一年并在台湾师范学院附中担任教席。1950 年赴美，于 1952 年获杜伦大学博士学位，研究拓扑学颇有成果，历任美国宾夕法尼亚大学助理教授、副教授、教授。1968 年 7 月当选为台北"中央研究院"院士。

缪天成（1923—），浙江瑞安人。1942 年 11 月就读于浙江大学龙泉分校理学院。1946 年毕业于厦门大学。曾任温州中学化学教师、上海中华酸碱厂技术员、大连化学工厂硫酸车间主任、化工部化工设计院设计总负责人。1960 年成功设计了我国第一台硫酸块矿沸腾炉。1964—1965 年间承担"硫酸净化新流程"科研项目，开发研制了第一套废热回收发电新技术，在 1978 年全国科学大会上获奖。1977 年，在大冶冶炼厂建成铜冶炼烟气制酸的装置，使炼铜转炉烟气得以全部回收。1980 年，他调至北京负责筹建中国环境监测总站，并担任首任总工程师，出版全国第一本《环境质量报告书》，亲自主持国家课题。编有《环境背景值研究》等，发表学术论文 30 余篇，其中 3 篇获优秀论文奖。

商燮尔（1925—2010），浙江嵊州人。1943 年 9 月入读浙江大学龙泉分校理学院一年级，1947 年毕业留校，任化学系助教。1950 年赴哈尔滨工业大学读研究生。历任军事工程学院讲师，防化工程学院副教授、教授。曾任中国人民解放军防化研究院副院长等职。曾任国务院学位委员会学科评议组成员等。20 世纪 50 年代完成了的硼氢化的电子衍射研究；70 年代从事激光侦察等科研方向的论证工作；80 年代后从事军用化合物的结构等方向的研究，主持《2000 年中国防化装备技术》的论证、研究和编写工作。

田志伟（1923—），浙江杭州人。1943 年 9 月以同等学力考入浙江大学龙泉分校理学院一年级，1948 年毕业后在南京兵工署应用化学研究所原子能组任技佐，同年底，辞职返杭，在之江大学工学院任助教。1952 年 2 月起在浙江师范学院、杭州大学物理系任教，从事教学工作近 50 年。1966 年前，田志伟主要研究嗅味的物理学机制、发光学、偏振光和海洋光学。50 年代，在杭州大学创设我省第一个发光显示研究点；1957 年，在国内率先成功研制成优质人造偏振片，1963 年研制成新颖的班尼科尔棱镜。1978 年后，研究方向主要转为全息与光学信息处理，先后研制成连续可调空间滤波器及多方向偏振轴的新型偏振片等。曾出版《普通物理实验技术》等著述 6 种。在《光学学报》等学术期刊发表学术论文约百篇。

池志强

池志强（1924—），浙江黄岩人。1943 年 10 月以优异成绩考入浙江大学龙泉分校化学系，后一度休学，1946 年回杭复学后转入新建不久的药学系，1949 年 8 月作为该系首届毕业生毕业。毕业后留校担任药物化学助教。1949 年 1 月由谷超豪介绍，加入了中共地下组织。1951—1953 年先后在浙江省文化局、浙江省科学技术协会、中国科学院上海药物研究所工作。1956 年，被派到苏联列宁格勒（今圣彼得堡）儿科医学院药理系攻读研究生并获医学副博士学位。1970 年，他带领同事们大胆地提出了芬太尼结构改造系统的研究，并找到羟甲基芬太尼，它成为当时世界最强镇痛剂之一。他也成了第一位担任国际麻醉剂研究学术会执委会委员的中国人。1978 年起担任中科院上海药物所副所长等职。1988—2000 年创办《生物科学信息》并担任主编。1989 年，被选为上海市第七届市政协常委兼任科技委主任。1993 年，被选为上海市政协之友社理事兼科技组组长。1997 年，当选为中国工程院院士。

谷超豪

谷超豪（1926—2012），浙江永嘉人。1943 年 10 月考入浙江大学龙泉分校理学院一年级，在数学系学习两年，后随校迁回杭州，参加苏步青指导的微分几何讨论班和陈建功指导的函数论讨论班，三、四年级，又选修了量子力学、相对论、理论物理等课程。

1948 年 8 月毕业，因学业优秀留校担任助教。1953 年，到上海复旦大学担任数学系主任陈传璋的助手，讲授高级微积分。1957 年，以副教授身份赴苏联莫斯科大学力学数学系进修，师从菲尼柯夫教授和拉舍夫斯基教授，于 1959 年 6 月 5 日通过答辩，授予他物理—数学科学博士学位。1958 年，他敏锐地意识到偏微分方程对于国防建设的重要性。于是在完成规定课程之余，学习偏微分方程，回国之后，立即在复旦大学主持开设了"拟线性双曲型方程讨论班"，带领学生投入了以空气动力学为背景的偏微分方程研究。在他的努力下，复旦大学逐渐发展成为偏微分方程研究重镇。他后来晋升为教授，先后担任数学系主任、数学研究所所长、副校长兼研究生院院长。1988—1993 年任中国科学技术大学校长。曾任国家科委"攀登"计划"非线性科学"科研项目首席科学家和国家教委数学指导委员会主任等职。2000 年兼任温州大学校长。1980 年当选中国科学院学部委员。1994 年当选国际高等学校科学院院士。多项研究成果引起国际数学界的重视。2002 年获上海市科技功臣奖。担任多届全国人大代表、全国政协委员、全国政协常委；曾任中国数学会副理事长，上海数学会理事长。

吴洪鳌（1926—2019），江苏宜兴人。1944 年夏以同等学力考入浙江大学龙泉分校数学系，1948 年夏毕业，并考入浙江大学数学研究所，在导师陈建功教授的指导下，钻研数学分析的有关著作与文献。1949 年，到张家口军委工程学校任教员，成为中国人民解放军的一员。他择优挑选少数学员组成"数学班"，该"数学班"中的绝大多数学员后来都成为各业务部门的骨干。他在我国中近程导弹武器系统定型工作中做出了重大贡献，是中国军事系统工程学科早期开拓者之一。

二、文科校友

倪士毅（1919—2018），字弘远，浙江乐清人。1939年12月考取国立浙江大学龙泉分校先修班，1940年10月升读龙泉分校文学院一年级，次学年转入贵州浙大总校学习，1944年本科毕业后考取浙大史地研究所史学组，于1947年研究生毕业并留系担任助教。1952年任浙江师范学院历史系讲师，1958年调浙江师范学院（今浙江师范大学前身）任历史系副主任，1961年返杭州大学历史系任教，历任讲

倪士毅

师、副教授、教授，讲授中国古代史等课程，并指导宋史硕士研究生。1991年受聘担任浙江省文史研究馆馆员。他自1944年起即从事宋史研究，旁及中国目录学史和浙江地方史。其专著有《浙江古代史》（获浙江省社会科学优秀研究成果二等奖）。发表论文50余篇，此外，还参加编写《中国历史大辞典·宋史卷》等。古籍整理有《全宋诗·王十朋诗》等，还担任《普陀县志》《杭州地名志》的编撰顾问等。曾任中国古都学会第一届理事等职。

应幼梅（1922—？），祖籍浙江永康，生于浙江绍兴。1939年10月就读于浙江大学龙泉分校外国语文学系一年级，次学年转到总校读生物系，1945年毕业。毕业后一度在重庆的上海医学院生理科担任助教，后返浙大读研究生，1949—1950年间任浙大人类学系助教。后任中国科学院编辑，曾任国家科学技术委员会政策研究局局长、研究员，我国驻英国大使馆文化科技参赞。译著有《细胞的起源与生命》《地球上生命的起源》等，译文有《物种与物种形成争论中的几个哲学问题》等。

严刘祐（1922—），浙江永嘉人。1941年10月考取浙江大学龙泉分校文学院。1942学年曾退学。1945年7月毕业于浙江大学史地系，曾在贵州遵义德智中学、重庆渝南中学、浙江温州市中学等任教。新中国成立后，他在浙江

教育厅属下的刊物《浙江文教》任职，后《浙江文教》发展为浙江教育报刊总社，他担任该社副总编辑。

胡裕树（1918—2001），笔名胡附，安徽绩溪人。1937年9月考入安徽大学文学院，后于1941年10月借读于浙江大学龙泉分校并编入文学院中文系二年级，1945年7月毕业于暨南大学中文系。1949年调入复旦大学中文系工作，历任副教授、教授。曾任复旦大学留学生办公室主任等，亦担任过上海市社联委员等职。为《辞海》编委兼语言文字分科主编，《汉语大词典》编委，《中国大百科全书》语言文字卷编委。他提出广义形态学说等，在汉语语法学界影响深远。出版《数词和量词》等学术专著10余部，主编高等学校文科教材大中型辞书等10多种，整理古籍20余册。

宋晞（1920—2007），字旭轩，浙江丽水人。1941年10月考入浙江大学龙泉分校文学院，在校学习两年，1943年夏西去贵州遵义，入史地系就读。1945年大学毕业后，考入史地研究所史学组深造。1946年夏，随学校复员回杭州，并于1947年完成硕士论文。研究所毕业后留校任助教一年。1948年夏，应国立海疆学校之聘，赴福建泉州讲授历史课程。1949年赴台。1954年赴美从事文化工作。1958年任"中国文化学院"史学系主任、史学研究所所长、文学院院长、校长等。著有《宋史研究论丛》等书。编有《正史论赞》等。

翁心惠（1922—1982），原名召发，笔名翁亭，浙江宁波人。1941年12月，作为浙江省保送生入读浙江大学龙泉分校师范学院国文科一年级。在龙泉分校就读期间曾发起组织春雷文艺社，并被选为常务理事兼总务部长，编印《春雷》刊物。平时经常在《东南日报》上发表文章，1944年7月毕业。曾在慈溪中学等中学任教。1952年11月—1958年当选为宁波市人民政府副市长，兼任教育局长、体育委员会主任。1959 年 4 月任教于宁波市第一中学，1979 年任宁波市十二中副校长，次年任宁波师范专科学校校长。1982 年 2 月当选宁波市第七届人大常委会副主任。发表《宁波师范教育之回顾与前瞻》《试论师道与教学民主》等文章。

宁树藩（1920—2016），安徽青阳人。1942 年 1 月，教育部指派入读于浙江大学龙泉分校文学院一年级。1943 年，转学到广东中山大学外文系，1946 年毕业。毕业后回安徽，在中学执教，曾任《徽州日报》副刊主编。1949 年，进入华东人民革命大学学习。1950 年，入复旦大学，先后从事中国近代革命史、中国新闻史的教学与研究工作。1986 年，被评定为博士生导师。合作编著《新闻学词典》《中国新闻事业通史》等，曾获 1984 年上海高等学校哲学社会科学优秀成果奖。1991 年被评为"全国优秀新闻工作者"。1996 年获韬奋园丁奖一等奖。2015 年，获首届新闻传播学学会颁发的终身成就奖。曾任中国新闻教育学会副会长、中国新闻史学会副会长等。

宁树藩

倪宝元

倪宝元（1923—2001），浙江永康人。1944 年 8 月入读于浙江大学龙泉分校文学院一年级，1948 年毕业。1956 年起在浙江师范学院、杭州大学中文系任教，1986 年晋升教授。他勤于著述，成果最显著的是修辞和成语两个方面，他的修辞研究在国内外颇享盛名；他的成语研究方面之广、著作之多，在全国领先。曾任中国修辞学会等学会顾问。专著有《思想与教育》等 13 部。曾多次获浙江省社会科学优秀成果奖项。主编有《中学教学语法基础》等，合编有《修辞和修辞教学》。编写高等学校现代汉语教材 3 部。发表修辞学论文百余篇，曾主编中国唯一的修辞学刊物《修辞学习》10 余年。

李锡胤（1926—），浙江绍兴人。就读于复旦大学英文系，1944—1945年借读于浙江大学龙泉分校文学院外文系，1946年赴台，在台北师范学院英语专科就学，1947年任现代周刊社编辑。1947年底离台返大陆，在燕京大学社会学系学习。1950年毕业于哈尔滨外国语专门学校。1972年起任黑龙江大学研究员、辞书研究所所长。曾参与《俄汉成语词典》等书的翻译和审定工作。参加编写《大俄汉词典》、译审《苏联百科词典》。在此基础上，又合作编写了四卷本《俄汉详解大词典》，著有《数理逻辑入门》等。1958年被评为哈尔滨市劳动模范，两次被评为黑龙江省劳动模范，1989年被国家教委评为优秀教师，1995年获普希金奖章，第七、八届全国人大代表。

唐湜（1920—2005），原名唐扬和，1920年生于温州市的一个书香门第。1943年考取浙江大学龙泉分校文学院，开始真正的诗艺探索。出版的诗集有《骚动的城》《飞扬的歌》和历史叙事诗《海陵王》等。唐湜不仅是一位诗人，而且是"九叶"诗派中非常重要的诗评家。

唐湜

三、工科校友

余寿绵（1920—），浙江龙游人。1937年考入浙江大学，后休学。1939年10月作为复读生就读于浙江大学龙泉分校电机工程系一年级，后转读理学院二年级学习，一度任分校数学系助理，1945年7月毕业于福建协和大学。先后任浙江大学、厦门大学助教，金华中学教师。1949年起在山东大学执教，任山东大学物理系教授，并两度兼任物理系主任。他编写的《高等量子力学》，被用作研究生主要参考用书，兼任高教部高等学校物理学科教材编审委员会委员等，为新中国物理学科的发展建设做出了重要贡献。

沈维义（1922—2002），浙江宁波人。1939年10月入读于浙江大学龙泉分校电机工程系一年级，次年转到贵州浙大总校，1943年毕业。曾任上海复兴航运公司电机工程师、浙大电机系助教，后出国。1949 年 9 月回国后参加第二野战军西南服务团并赴四川，后一直从事水力发电站建设工作。历任狮子滩水电工程局科长，水利电力部水利水电机电安装局副总工程师，葛洲坝工程局副总工程师、副局长，中国三峡工程开发总公司技术委员会委员等职。组织领导了葛洲坝大型转浆式水电发电机组、大型船闸人字门及起闭设备工作。参加三峡工程可行性论证工作，并担任机电设备专家组组长，三峡工程专项技术设计审查主持人。撰有《低速大容量水轮发电机的冷却方式(三峡发电机冷却方式的探讨)》等。

朱宝英（1917—?），女，浙江建德人。1939 年 10 月入读于浙江大学龙泉分校数学系一年级，次年转入贵州浙大总校。1944 年毕业于浙江大学化工系。曾任资源委员会中央无线电厂工务员。新中国成立后历任吉林化学工业公司中央试验室副主任、研究院室主任、副总工程师、高级工程师。1979 年获全国"三八"红旗手称号。曾任第三、五届全国人大代表。我国合成橡胶和有机硅技术开发的创始人之一。曾研究成功硅橡胶暂时性磷触媒。主持了年产量达万吨的有机硅厂的技术开发工作。

朱兆祥（1921—2011），浙江省镇海人。1940 年 10 月就读于浙江大学龙泉分校工学院一年级，1942 年转贵州浙大总校，1943 年，被聘为工学院数学助教，辅导微分方程、工程数学等课程。1944 年毕业并留校任土木工程系助教。1946 年，浙江大学迁回杭州后，他参加"科学时代社"，组织杭州科学工作者协会。1950 年，当选为中华全国科学技术普及协会常务委员，负责组建协会秘书处。1958 年至中国科学技术大学任教。任教期间，先后开出弹性动力学等 10 余门课程并编写了大量讲义，主持了近代力学系爆炸力学教研室的工作，建立和发展了我国第一个爆炸力学专业。1985 年秋，出任宁波大学首任校长。在宁波大学办学过程中，他努力进行教育改革。后回中国科学院力学研究所任研究员，潜心结构动态屈曲和高分子材料力学性能的研究工作。

朱祖培（1921—2009），祖籍安徽屯溪，出生于上海。1940年10月就读于浙江大学龙泉分校工学院一年级，1942年转至贵州浙大总校就读化学工程系三年级，1944年毕业。毕业后即投身水泥行业，为中国水泥工业的发展奉献了毕生精力。曾发表220余篇科技论文，翻译审校了外文资料近200万字，主编和译著了多部专著，其中很多成果已经在水泥工业和具体工程项目中得到应用，并创造了良好的经济效益和社会效益。他先后主持或指导了20多个新建水泥厂和老厂改建、扩建工程，把我国水泥工业的现代化推到了一个新水平。

蒋祖荫（1918—1987），字荣卿，浙江富阳人。1940年10月就读于浙江大学龙泉分校工学院一年级，1942年转至贵州浙大总校就读土木工程系三年级。1946年6月毕业。其间曾应征译员休学。1947年8月到校任教，历任浙江大学助教、讲师、副教授、教授。1977年后历任工业与民用建筑专业实验室副主任等职，兼任浙江省土木建筑学会理事等职。宁波大学创建后，受聘为土木工程学系主任。他治学严谨，于工程结构学有较深造诣。

丁儆（1924—2013），江苏无锡人。1941年10月考入浙江大学龙泉分校工学院，后转读化学系，1945年毕业。1945—1948年任甘肃油矿局玉门老君庙炼油厂技术员、浙江大学助教。后赴美在布路克会理工学院研究院深造。1950年回国后任华北大学工学院副教授。1954年他在北京工业学院（现为北京理工大学）负责组建我国第一个弹药装药加工专业，担任该专业教研室主任，创建了多个实验室。1956年6月，参加了"全国十二年科学技术发展规划"兵器小组的工作。1958年，建立了全国第一个可进行破片杀伤、聚能破甲等课题研究的爆炸实验室，1962年，他组建了北京工业学院力学工程系，并任第一任系主任。之后历任北京工业学院（后改名北京理工大学）副院长、教授，北京理工大学校学术委员会主任。1988年后筹建爆炸灾害预防、控制国家重点实验室，并任该实验室主任。曾担任中国力学学会等学会理事等多项职务，在国内外学术刊物和国际会议上发表论文 40 余篇。

曾守中

曾守中（1920—2001），浙江永嘉人，1941 年 10 月考取浙江大学龙泉分校工学院，1946 年毕业于化学工程系，后攻读浙大化工研究院硕士，1948 年毕业。1949 年 3 月—1995 年在上海油脂一厂任助理工程师，在西安日用化学工业公司 (原西安油脂化工厂) 任副厂长、总工程师等。1971 年 9 月采用醋酸络合法提取棉酚获得成功，证明棉酚有抑制生精细胞的功能，男性抗生育有效率 98.62％，从此结束了我国长期无男性口服节育药的历史。1981—1982 年受聘于联合国工业发展组织技术顾问。第五、六、七届全国政协委员。

钱家欢

钱家欢（1923—1995），浙江湖州人。1941 年 10 月考入浙江大学龙泉分校工学院（交大代招），1942 年转至贵州浙大总校就读土木工程系二年级，1945 年毕业。曾在南京中央大学混凝土研究室任职，后赴美，1949 年初获美国伊利诺伊大学土木工程硕士学位。新中国成立前夕毅然回国，任之江大学教师、浙江大学副教授等。毕生从事岩土力学和地基工程的教学和科研工作，是我国岩土工程学科先驱者之一，在软土流变理论、动力固结理论等方面作了开拓性的工作，取得多项国际领先水平的成果。主编《土力学》等。第六、七届全国人大代表。

何志均（1923—2016），籍贯浙江余姚，生于上海。1941 年考入上海工业专科学校电机系，1942 年 3 月借读浙江大学龙泉分校电机系，1943 年夏转到贵州浙大总校电机系读三年级。1945 年 7 月，以电机系电讯组第一名的学习成绩毕业。毕业半年后在电机系任助教，开始了他在浙江大学的教学生涯。其间担任学校研究科第一任科长、浙大计算机专业教研室主任等。1986 年成功竞得国家重大课题"CAD/CAPP/CAM 集成系统软件研发项目"，并在 1997 年研制成功。该系列软件在 400 多家企业中得到应用。

李崇道（1923—），上海人。1941 年 9 月考入东吴大学，1942 年 3 月借读于浙江大学龙泉分校工学院一年级（土木系），后毕业于广西大学农学院兽医系。后获美国康奈尔大学哲学博士，艾森豪威尔奖学金研究员。任台湾畜牧实验所技正、台湾农林机构兽疫血清制造所疫苗室主任、中兴大学校长等，1983 年获韩国全北大学荣誉法学博士学位。著有《兽医病理学》等。

林正仙（1919—1986），曾用名林文斌，浙江宁波人。1940 年高中毕业后考入上海交通大学化学系，1942 年 3 月借读浙江大学龙泉分校工学院化工系二年级，1944 年毕业。曾任浙江大学化工系助教等。1948 年赴美留学，获化学工程硕士和博士学位，后任美国麻省理工学院研究工程师，从事流体力学等研究工作。1955 年回国后，一直从事炼油和石油化工科研工作。任石油部石油科学研究院室总工程师、上海交通大学兼职教授，中国石油化工总公司石油化工科学研究院总工程师、高级工程师等，是我国石油化工事业的开拓者之一。

吴京（1923—2005），浙江杭州人。1942 年 11 月考取浙江大学龙泉分校，于 1947 年 8 月在浙江大学机械工程学系毕业并留校工作，先后在机械工程学系等任教，长期致力于实验教学。1978 年创建金属材料科学与工程研究室，全力投入研究和研究生的指导工作，1978 年后培养硕士、博士研究生 40 余名。1983 年晋升为教授，曾任金属研究室主任、材料研究所副所长、浙江省金属学会理事。

四、农科校友

孙筱祥（左一）获杰弗里·杰里科奖

孙筱祥（1921—2018），浙江萧山人。1942 年以同等学力考入浙江大学龙泉分校农学院一年级，1944 年转入贵州浙大总校农艺系三年级学习，1946 年毕业，并留校任助教兼农艺试验场技工。后任北京农业大学教授，北京林业大学园林学院园林设计研究室主任、教授。先后设计规划的公园和植物园有杭州花港观鱼公园等。曾任中国风景园林学会副理事长，到澳大利亚、美国多所大学讲学，举办画展。曾获国际风景园林师联合会杰弗里·杰里科爵士金质奖等。

屠家骥（1927—2002），浙江嘉兴人。1944 年 8 月考入浙江大学龙泉分校农学院农学系学习，毕业后历任浙江省实业厅技术员等职务。1958 年调到河南省农业厅工作。他总结了引黄河水种稻"四结合"的经验，从而使"引黄种稻"走上了健康的发展道路，使沿黄河地区的水稻种植面积大幅度增加。他十分重视其他秋粮作物的生产，并根据河南的省情和区域的划分，给河南省委、省政府提出了许多宝贵的意见，为河南的农业发展做出了重大贡献。曾主持撰写了《中国水稻》(河南篇)。

朱寿民（1925—2011），浙江绍兴人。1944 年就读于浙江大学龙泉分校农学院一年级，1948 年毕业，专修生化营养和食品制造，后为上海医学院生物化学研究生，并于1951 年毕业。毕业后执教于浙江医学院，从事生化营养教学。长期从事生物化学和营养学的科学研究和产品开发，曾设计娃哈哈营养液，被业界尊称为"娃哈哈之父"。20

朱寿民

世纪 90 年代后期致力于特殊营养配方产品和营养医用食品的研发，多项研究成果获得国家专利。曾获全国教育系统劳动模范称号。

高鹤娟（1922—），女，浙江嵊州人。1944 年同等学力入读于浙江大学龙泉分校农学院一年级，1948 年毕业。同年考入卫生部药物食品检验局，历任技师、研究员。1949—1958 年从事药品检验，并为各省市培训了一批药检骨干；1963 年起主编《食品卫生检验方法》理化部分，三次增订卫生部及国家标准方法；1972—1977 年组织并参加食品卫生标准的制订，于 1978 年国家科技大会上获奖；1979 年组织制订"食品添加剂使用卫生标准"。另协助公安部进行毒物分析，为公安部门解决疑难案件提供科学根据。出版《食品中化学毒物系统分析法》等书。

五、师范校友

徐步奎（1923—2007），又名朔方，浙江东阳人。1943年9月就读于浙江大学龙泉分校师范学院一年级，1947年毕业。曾任浙江温州中学、温州师范学校教师，1954年2月起在浙江师范学院、杭州大学任教，1981年晋升为教授。他在元明清文学尤其是在戏曲小说研究等领域卓有建树，先后出版了《牡丹亭校注》等著作。他的《晚明曲家年谱》构筑了中国古代文学研究的一项重要基础工程。所著《明代文学史》为国家哲学社会科学基金重点项目成果。一生发表学术论文200余篇，荣获国家、省部级学术奖励30余项。曾任美国普林斯顿大学客座教授、国家古籍整理出版规划小组顾问等。第六届全国人大代表。

邵全建(1926—2002)，笔名金津，浙江临海人。1944年就读浙江大学龙泉分校师范学院一年级，1948年毕业。1949—1979年任回浦中学校长，1979年9月起任台州师专校长，曾获浙江省教委教育科研成果奖，被评为省文教战线先进工作者。曾任临海县（今浙江省临海市）副县长，浙江省第三届人大代表。

【课后思考】

1. 搜索胡锦涛为谷超豪颁奖的相关视频或材料。

2. 搜索龙泉分校一位校友的材料，与同学交流。

第六章　续写辉煌纪

　　"芳野"，寓意丰富且音义相谐，成为正式地名并沿用至今。"芳野"是浙江大学留给龙泉的诗意符号，也是那段烽火情谊的历史见证，更是老一辈求是学子爱国情怀的印迹。建于芳野之上的龙泉分校是浙江大学和龙泉人民的骄傲，它体现了浙江大学的求是精神和龙泉人民无私援助的奉献精神。浙大人一直把龙泉视为第二故乡，挂念着龙泉山城的发展，酝酿着如何反哺龙泉。在中央提出建设社会主义新农村政策后，浙江大学主动参与到龙泉的发展建设中来；龙泉市委市政府及时抓住机遇，全力组织实施"背靠浙大、发展龙泉"的战略。至此，浙江大学和龙泉人民翻开了"市校合作"的新篇章，以奋进之笔续写辉煌。

第一节　市校合作纪略

龙泉市位于浙江省西南部浙闽赣交界处，素有"瓯婺八闽通衢""驿马要道，商旅咽喉"之称。龙泉因剑得名，凭瓷生辉，历史悠久，底蕴深厚。全面抗战时期，龙泉一处名不见经传的村落，成为一群追寻求是精神的人七年的栖居地。这段办学情谊，使得龙泉山城更显文化底蕴，也给今天的龙泉带来了发展机遇。

一、准备阶段

2005 年 1 月 9 日，龙泉市赠送给浙江大学人文学院院长金庸先生 31 把刀剑，这批刀剑是当代龙泉铸剑名师们按照武侠小说中的描写历时多年精心打造的，并以小说中所写的宝剑、宝刀的名称命名。在"金庸笔下的龙泉宝剑展"开幕式上，金庸先生将这批刀剑赠送给了学校。浙江大学副校长在开幕式上的讲话中回顾了抗战时期浙大西迁办学的历史，并表达了对龙泉人民的感激。他说，在长达七年的办学过程中，浙大师生与龙泉人民结下了深厚情谊。经过整修的浙江大学龙泉分校旧址至今仍矗立在龙泉市郊山野之间，它是浙江大学龙泉分校艰辛办学历程的丰碑，也是浙江大学与龙泉市人民深厚情谊的见证。

2005 年 8 月 11 日，时任省委书记习近平参观了浙江大学龙泉分校旧址，听取了浙江大学龙泉分校的办学历史，获悉浙大在龙泉人民的支持下艰苦办学，为国家培养了谷超豪、朱兆祥等众多优秀学子后，表示敬佩和赞赏。听了时任龙泉市委书记汇报龙泉与浙大的合作计划后，他肯定了这个思路，指示龙泉要利用好与浙大历史渊源，争取更大的支持，还交代要把龙泉分校旧址进一步保护好。2006 年 10 月 20 日，龙泉市委书记到浙江大学就市校合作事宜与浙江大学领导进行进一步的沟通。

二、实验阶段

在浙江大学和龙泉市委市政府的高度重视以及相关部门的安排下，第一阶段合作准备工作已基本完成。2007年2月8日，浙江大学校长亲自率领浙江大学相关部门负责人与龙泉市签定了《浙江大学与龙泉市合作共建社会主义新农村实验示范点协议书》及17个合作项目，正式宣告市校合作的启动。根据协议，双方将实施"18515行动计划"。为进一步加强市校合作的沟通联络和信息反馈工作，5月14日成立了龙泉市人民政府与浙江大学合作联络处。

2008年3月6日，龙泉市委书记与浙江大学地方合作处负责人等实地考察调研市校合作初期成果，并举行座谈会，共商深化合作事宜。次日召开浙江大学龙泉市新农村建设工作座谈会，市校双方着重就龙泉市省级新农村示范县(市)项目的实施进行了交流座谈。6月20日，浙江大学校友总会副会长、旅美浙大校友李摩西，日本浙大校友会名誉会长周玮生等，来龙泉访问。李摩西先生被聘为龙泉市政府经济顾问。

2009年8月28日下午，市校联合举办纪念浙江大学在龙泉办学70周年大会，会议邀请了浙大龙泉分校老校友、老同志、老领导，全国各地浙江大学校友会代表等300多人参加，共收到路甬祥、潘云鹤等人题词17幅，全球校友会贺信58封，贺礼46份；还举行了龙泉浙大主题公园开工奠基仪式。

2012年5月10日，龙泉市领导访问浙江大学，总结回顾市校合作5年来取得的成效，谋求进一步深化双方合作，加快龙泉科学发展。12月25日，浙江省科技厅公布浙江省2012年产业技术创新战略联盟名单，"浙江省龙泉汽车空调产业技术创新战略联盟"名列其中。以"共建社会主义新农村实验示范点"为引领，双方全面构筑了合作架构，围绕"18515行动计划"，在平台建设、项目开发、人才培养等方面开展了富有成效的合作，圆满完成了各项目标任务，走出了市校合作共建发展的新路子，也受到省委省政府的充分肯定和社会各界的高度关注。

三、深化阶段

龙泉与浙江大学的第一轮共建社会主义新农村实验示范点取得了显著成效，在此基础上，谋划了新一轮的合作。2013 年 3 月 18 日，市校双方正式启动合作共建山区科学发展综合改革试验区示范点，实施"15582"工程，合力助推龙泉"五大产业"转型升级：生态特色农业、汽车空调产业、青瓷宝剑及文化创意产业、金属制造业、生态旅游业。每年实施"50 个合作项目"。

2014 年 4 月 28 日，浙江大学校长一行，参观了浙江大学龙泉分校旧址、考察了龙泉浙大中学、龙泉汽车空调服务平台、浙江三田有限公司等地，并召开座谈会，共商下一步市校合作工作。11 月 28 日，浙江大学与龙泉市举行了"浙江大学龙泉分校办学 75 周年纪念大会暨市校合作项目签约仪式"，17 个市校合作项目现场签约。晚上，在龙泉大剧院举行了"共筑中国梦"纪念浙江大学龙泉分校办学 75 周年慰问晚会。

2015 年 5 月 12 日，由浙江大学与龙泉市联合主办的"大明龙泉官窑再现展"在浙大紫金港图书馆三楼开展。50 多件造型设计典雅、制作工艺精湛的作品，再现了大明官窑的风采。9 月 15 日，浙江大学地方合作处调研组在龙泉开展调研和交流活动。调研组走访了浙江大学龙泉分校旧址、龙泉青瓷博物馆、龙泉档案馆、三田集团等，详细了解了浙江大学在龙泉办学的历史，市校合作后在企业和创新平台经营发展、技术创新等方面的情况，召开了市校合作发展座谈会和抗战时期浙大龙泉办学历史研讨会。

在这一阶段，龙泉市紧密依托浙江大学在科研、人才、信息等方面的资源优势，强化与当地资源、产业、生态的有机结合，推进和深化各项举措，协同创建山区集聚发展、绿色发展、开放合作、要素保障和环境保护的体制机制，全面开启更高层次、更宽领域、更大范围合作的新篇章，并取得了更丰硕的成果，极大地推动了龙泉市各项事业的快速发展。

至此，市校双方已具有长期良好的合作基础、深厚的合作感情和不断改善的合作机制。站在新的发展起点上，紧密结合龙泉市实现世界历史经典文化小城和浙江大学"双一流"的建设目标，双方继续深化市校合作，坚持创新驱动，进一步开拓合作思路，拓宽合作领域，提高合作层次，完善合作机制，巩固和发展浙大师生与龙泉人民血浓于水的传统友谊，构筑市校共同发展的美好愿景。

【课后思考】

简述龙泉市和浙江大学"市校合作"的三个阶段。

第二节　龙泉浙大中学

一、创办意义

1. 满足龙泉市发展高中教育的需要

龙泉市人民政府一直强调大力发展高中阶段教育，要求："到 2010 年初升高比例达到 90% 以上，普高与职高招生比保持在 1:1 以上。"2010 年龙泉市初中升高中学生人数的统计数据表明，龙泉市高中招生能力已经明显不能适应。创办龙泉浙大中学是适应龙泉市发展高中阶段教育的需要，龙泉浙大中学的建设不仅能满足龙泉市初升高比例达到 90% 以上、普高与职高招生比保持在 1:1 以上的要求，而且有利于龙泉市教育事业的发展和龙泉市市区学校的合理布局。

2. 适应龙泉市教育事业的发展规划

龙泉市政府及有关部门曾多次酝酿普通高中建设方案。经过反复比较，确定在浙江大学龙泉分校旧址旁边建设中学。该项目秉承"求是创新"的指导思想，结合龙泉历史文脉和城市特色，力求塑造一个具有个性化的教育基地。这不仅能推进城市化建设，有利于市区总体规划的实施，还能够适应人民群众对子女普通高中入学的需求；建成一所功能齐全、设施超前、环境优美、文化气息浓厚的普通高中，可为高中教育质量的提升打下良好的基础。

3. 传承浙大旧址的文化资源优势

浙江大学是我国名校，抗战期间部分师生迁至龙泉，如今浙大龙泉分校旧址完整地保存下来，并成为浙江省的爱国主义教育基地和旅游景点。创办龙泉浙大中学，既满足了龙泉人民传承浙大文化、延续文脉资源的精神需求，又表明了龙泉人民发扬求是精神、实施创业创新的发展愿望。学校在校园环境营造上，注重新校园与旧址的融合，遵循"文物保护为重、开发为辅"的原则，充分利用自然环境，创造优美的校园景观，力求为学生提供"自明性"的成长环境及内聚性的教学环境；在校园文化建设上，遵循"以人为本"的原则，充分传承浙大"求是创新"的精神，有效发挥人文价值，凸显文化氛围。

4. 对龙泉发展产生积极深远的影响

龙泉浙大中学的建设对龙泉经济、社会发展产生了积极深远的影响。学校的建设将推动龙泉市教育事业发展，增强社会服务能力；新学校的建成将凝聚龙泉精神，促进龙泉市社会经济的发展；建设学校有助于龙泉市基础设施建设，推进城市化进程。

二、创办过程

龙泉浙大中学的前身为龙泉市中等职业学校求是学部，学校原定名称为"求是中学"。学校建设项目启动后，龙泉市向浙江大学提出申请，商量使用浙大的名称。2010 年 1 月 12 日，经浙江大学校务会讨论同意，新学校挂牌"龙泉浙大中学"，以延续当年浙江大学在龙泉办学的历史情怀。

龙泉浙大中学于 2012 年 12 月开工建设，于 2016 年 9 月 4 日正式投入使用，迎来了首批 1000 多名学生。龙泉浙大中学的建成，有效解决了龙泉普通高中教育资源紧张的问题，推动了龙泉教育事业的发展。新落成的校舍在浙江大学龙泉分校旧址主题公园旁，占地面积 105 亩，建筑面积 43900 平方米，项目总投资近 1.6 亿元，属于全封闭式寄宿制学校。开学伊始，旅美浙大校友李摩西捐赠了竺可桢铜像一座。2017 年 4 月 6 日，浙江大学原党委书记张浚生题写了校名。

如今，龙泉浙大中学黄墙碧瓦，半圆拱券，恢宏大气，与古朴的浙江大学龙泉分校旧址隔墙相望，中西合璧，相映成趣。龙泉浙大中学，依托浙大文化，发扬求是精神，以崭新的校园风貌和蓬勃向上的工作面貌，在构建新时代"教育铁军"的征程上继续前行。

龙泉浙大中学与曾家大屋

三、校园布局

1. 布局特点

龙泉浙大中学的校园布局不仅尊重人文环境，同时也尊重基地的自然地理特点，充分保留基地中的水系，功能建筑尽可能避开水系布置，使水系保持完整。这成为校园一大亮点，有效增加校园的生态性。另外，以曲线和直线相结合的道路形成"动"和"车"在外，"静"和"人"在内的布局，并通过广场、院落、绿化、水面等空间要素有机渗透，使教学区保持舒适、宁静。校园沿城市道路刻意安排绿化空间、开敞空间（入口广场）以及教学楼、图书行政楼、体育馆等形态丰富的建筑，构成了优美且有韵律的城市街景。

2. 布局内容

校园规划设计为教学区、行政办公区、体育运动区和生活区。

（1）教学区：教学区设在校园的北部，设有 3 幢教学楼、1 幢实验楼。各幢教学楼之间通过连廊形成一个有机的整体，给学生创造一个安静的学习环境。教学楼为 5 层框架结构，内设普通教室、专用教室、教师办公室。

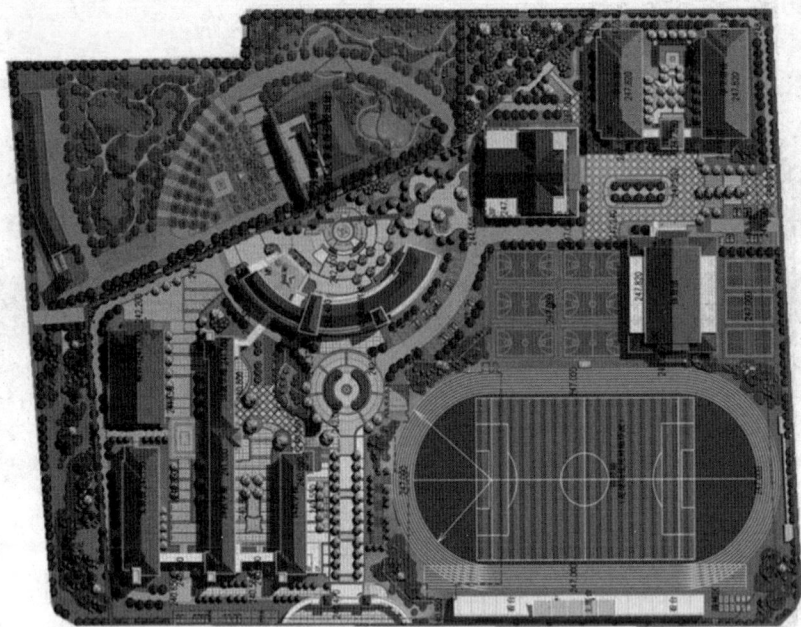

龙泉浙大中学平面图

（2）行政办公区：行政办公区设在校园中部，设有圆形广场和弧形的行政图书楼，行政图书楼与浙大旧址共同形成环抱之势，通过广场开放空间紧密相连，把新老建筑融合在一起。行政图书楼为5层框架结构，内设行政办公室、合班教室、科技活动室、图书阅览室等。

（3）体育活动区：体育活动区位于校园的西南部，设体育馆一座，另有田径运动场和篮球排球场。

（4）生活区：生活区位于校园东南部，有食堂、师生宿舍。食堂为3层框架结构，内设厨房、餐厅、水泵房、锅炉房、小卖部、消控中心等。师生宿舍2幢，5层砖混结构，层高3.6米。每间设有卫生间、储物柜、室外阳台。学生每间8人，教师每间4人。

（5）附属建筑物：

① 主大门：学校的主出入口设在校园西侧，朝向棋盘山路。主大门设值班室2间，圆弧形门廊。

② 次大门：学校次出入口设在校园南侧，朝向环城南路。次出入口设值

班室 1 间和电动推拉门。

（6）建筑风格：学校建筑形式采用简欧与现代结合的建筑形式，建筑材料选用经典校园建筑色，同时吸收龙泉分校旧址建筑风格，使校园与浙江大学龙泉分校旧址形成一个有机整体。

【课后思考】

作为龙泉浙大中学的一名学生，你打算如何度过这段难忘的时光？请以"我是龙泉浙大中学学子"为题，写作一篇不少于 800 字的文章。

后记

80多年过去了，星移斗转，人世沧桑。当年浙江大学龙泉分校的莘莘学子、热血青年，无论是1939年入学的第一届学生，还是1945年入学的第七届学生，如今都已是接近百岁的老人了。遥想当年，他们心系芳野，耕耘芳野，在这片热土上学书学剑，指点江山，在国难当头和艰苦条件下，厚积薄发，终结硕果。他们勤学不止、奋斗不息的身影，仿佛就在昨天，他们的精神长存芳野。

80多年过去了，厚重历史，百年传扬。浙江大学龙泉分校办学仅有七年，这在历史长河中只能算是七个小小的音符，然而就是这七个小小的音符传唱出的以弦以歌之音、学书学剑之情，使浙大这部厚重的历史书更加灿烂辉煌。浙江大学龙泉分校一直挣扎在战争的阴影中，迁徙和奔波，外侵或内乱，都毫不影响分校以"求是"校训烛照一届届学子，培养他们"只问是非，不计利害"的人格与精神，鼓舞着他们探求真理的勇气和才能。这才是一所大学的生命和要义所在，这无疑是当今学校最可借鉴的、宝贵的精神财富。

80多年过去了，故情难忘，播种希望。龙泉是浙江大学永远的精神家园，浙江大学是龙泉发展的坚强后盾。新时代的背景下，浙江大学饮水不忘旧情，为"浙大龙泉分校"注入了新的内涵，发挥了浙大曾经在龙泉办学的效应。近年来，浙江大学全面加强与龙泉市的"市校合作"，围绕人才培养、教育卫生、产业转型升级等领域开展了更高层次、更宽领域和更大范围的合作，有力地推动了龙泉社会、经济的发展。浙江大学和龙泉在80多年前结下的友谊，促成了当今龙泉取得丰硕的成果。祝愿龙泉的各项事业，似宝剑出鞘锋利无比，如青瓷烧制炉火纯青。

依托浙大文化的龙泉浙大中学，秉持"拼搏进取、求是创新"的办学方针，肩负高中普及与升学的双重使命，在做好高中普及工作前提下，致力于提高高考升学率。漫漫办学路，孜孜求索心。龙泉浙大中学在新的起点上，锐意进取、奋发图强，在浙大旧址之旁，续写龙泉教育新的辉煌。

图书在版编目(CIP)数据

烽火弦歌：浙江大学在龙泉/吴水华，林彬主编 .—杭州：浙江大学出版
社，2020.5

ISBN 978-7-308-18254-6

Ⅰ.①烽… Ⅱ.①吴… ②林… Ⅲ.①浙江大学龙泉分校－校史－史料
Ⅳ.①G649.285.54

中国版本图书馆 CIP 数据核字(2020)第 060339 号

烽火弦歌:浙江大学在龙泉

吴水华　林　彬　主编

责编编辑	宋旭华
封面设计	谷为怀
责任校对	高士吟　汪　潇
出版发行	浙江大学出版社
	（杭州市天目山路 148 号　邮政编码 310007）
	（网址:http://www.zjupress.com）
排　　版	南京前锦排版服务有限公司
印　　刷	浙江临安曙光印务有限公司
开　　本	889mm×1194mm　1/16
印　　张	8
字　　数	109 千
版 印 次	2020 年 5 月第 1 版　2020 年 5 月第 1 次印刷
书　　号	ISBN 978-7-308-18254-6
定　　价	28.00 元

浙江大学出版社发行部邮购电话(0571)88925591；http://zjdxcbs.tmall.com